準到嚇人！
血型×星座
全方位透視人性讀心術

血型星座專家Mallika 著

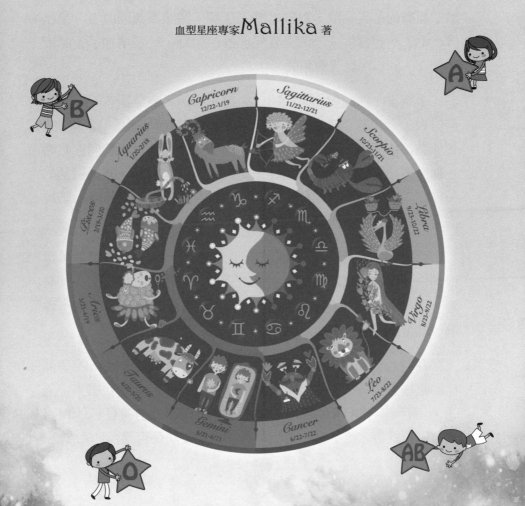

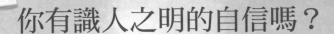

序

你有識人之明的自信嗎？

近年來，市面上瘋狂地流行著許多與「血型」、「星座」和性格相關話題的報刊書籍，實際上，從小到大，每個人都累積了不少對於各種血型、星座人格的見解，這些主題的書籍不只是印證了原有的個人心證，對於本來不了解、甚至不認同血型、星座解析的人，也提供了一個更容易理解的視野，或是增加了茶餘飯後親友、同事間聊天的趣聞。

事實上，在面對完全的陌生人時，每個人難免都有不知該如何應對才合適的心理糾結，甚至不知道如何順利開場，這時，如果你微笑探問：「**請問你是什麼星座的人？**」或是「**請問你是哪一種血型？**」的開場白，往往是可以拉近彼此距離，開始對話的一種切入點，因為諸如此類話題的通俗度，會讓對方毫無心防地回答，你們的關係就此順利展開。

重點是，這不只是一種社交上的技巧，對方的答覆還可以提供你作為接下來該如何讓關係進一步（或乾脆打退堂鼓）的參考。這時，你是否擁有對於「血型」、「星座」性格的基本理解，就至關輕重了！例如：

在首次面試時，當主管面對前來應試的求職者問：「請問你的星座是……？」這時，若求職者回答：「我是處女座！」這時，主管心中的OS可能是：喔！這個人應該蠻有責任感，做事也很講求計畫。接下來，可能暗忖：這個職缺是否適合他呢？

如果主管有星座或血型配對的基本概念，更可以由此得知，適合將他放在哪個屬性的團隊，讓組織運作起來更事半功倍，或是讓新人更快上手，儘速增加對公司的貢獻。

　　類似的問題，如果稍微轉換到朋友間的閒聊，假設王小姐問：「我們都認識這麼久了，怎麼都不知道你是什麼血型的啊？」這時，若張先生回答：「看也知道吧！我是標準的O型人啊！」這時，王小姐或許就可以理解為什麼張先生總是這麼是非分明、朋友成群了，如果彼此之間還在曖昧不明之際，就可以判讀彼此的契合度作為後續交往模式的參考。

　　關於星座、血型的話題，並非是一種迷信，或是一種成見，充其量只是在建立關係時的一種參考標準，至於其影響於己的深入程度，自己還是最終的決策者，至少可以幫助你在面對陌生人時，或是做出人生重大決策之時，重新認真檢視——**眼前的人，是否真如你所想，亦或發現那不過是一種偽裝？**

　　不論你對於某種星座、血型的人有所認同或是認知不深，都可以透過本書在各領域全方位性格上的解析，在最短的時間內，掌握其性格的光明面與陰暗面（有時候陰暗面影響一個人或他人更甚於光明面），更可以幫助自己揮別過去識人不清、遇人不淑的慘痛經驗，讓你在各種人生領域中重新建立對人際關係的自信，從此知人善任，遠離那些害你偏離人生軌道的小人，找到能與你真誠並肩作戰的盟友！

血型星座專家
Mallika

目錄

序 你有識人之明的自信嗎？ ································ 002

Chapter 1
血型透視性格讀心術

A 型
★ 細心謹慎完美堅持，隱藏著歇斯底里的陰暗面 ············· 012

B 型
★ 自由奔放坦誠相見，隱藏著喜怒無常的陰暗面 ··········· 014

O 型
★ 最看重人情，受個人好惡影響人生甚深 ··············· 016

AB 型
★ 具有成大器的天賦，卻缺乏成大器的意志 ············· 018

★ 從血型配對看你我是良緣還孽緣！ ················· 020

　AxA　BxB　OxO　ABxAB　AxB
　AxO　AxAB　BxO　BxAB　OxAB

Chapter 2
星座透視性格讀心術

白羊座 Aries（3/21～4/19）
★ 樂觀積極求新求變，隱藏著自恃甚高的陰暗面 ········· 026

金牛座 Taurus（4/20～5/20）
★ 意志堅定擇善固執，安逸現狀不知變通 ············· 028

雙子座 Gemini（5/21～6/21）
★ 才思敏捷靈活多變，但精神年齡難以跟得上 ········· 030

巨蟹座 Cancer（6/22～7/22）
　★ 心思敏感樂於關懷，因感性氾濫而公私難分 ················ 032

獅子座 Leo（7/23～8/22）
　★ 王者風範樹立權威，自視甚高讓人不敢恭維 ················ 034

處女座 Virgo（8/23～9/22）
　★ 熱心好學極欲成長，若不如己意就會碎碎念 ··············· 036

天秤座 Libra（9/23～10/23）
　★ 重視和諧維持公理，太在意別人而患得患失 ··············· 038

天蠍座 Scorpio（10/24～11/22）
　★ 個人的直覺勝於一切，過於自以為是而樹敵 ··············· 040

射手座 Sagittarius（11/23～12/21）
　★ 探求人生高深的真理，眼高手低忘了築夢踏實 ············ 042

摩羯座 Capricorn（12/22～1/19）
　★ 吃苦耐勞務實認命，位高權重則氣勢凌人 ··············· 044

水瓶座 Aquarius（1/20～2/18）
　★ 聰明有創意，自視甚高而離經叛道 ···················· 046

雙魚座 Pisces（2/19～3/20）
　★ 樂於為人犧牲奉獻，在現實與夢想中難以取捨 ············ 048

　★ 從星座組合看他是敵還是友！ ······················· 050

Chapter 3

血型×星座透視性格讀心術

白羊座Ａ型
　★ 足智多謀重視原則，隱藏著悶騷守舊的陰暗面 ·········092

目錄

白羊座Ｂ型
★ 腦筋靈活行動敏捷，挫折源自缺乏周密思考 ················ 094

白羊座Ｏ型
★ 得天獨厚的領袖氣質，說做就做誤判形勢 ················ 096

白羊座ＡＢ型
★ 看似好好先生，實則兼具冷靜與熱情的野心家 ··········· 098

金牛座Ａ型
★ 從容不迫謹慎行事，冥頑不靈只相信自己 ··············· 100

金牛座Ｂ型
★ 有自己的生活步調，若不督促自己會太懶散 ············· 102

金牛座Ｏ型
★ 獨具藝術才華，因固執只能孤芳自賞 ··················· 104

金牛座ＡＢ型
★ 沉著穩重思慮周密，一旦決定義無反顧 ················· 106

雙子座Ａ型
★ 看似學識淵博，但樣樣通等於樣樣鬆 ··················· 108

雙子座Ｂ型
★ 客觀分析能力佳，卻因此而難以決策 ··················· 110

雙子座Ｏ型
★ 想追求的目標太多，以致分散心力與努力 ············· 112

雙子座ＡＢ型
★ 吸收經驗能現學現賣，勿輕言他人是非 ··············· 114

巨蟹座Ａ型
★ 家庭是精神的支持，情緒變化大影響事業發展 ········· 116

巨蟹座 B 型
　★ 對親友溫情以對，若太倚賴會限制交友視野 ················· 118

巨蟹座 O 型
　★ 溫暖地照顧每一個人，實際上心中卻有分別 ················· 120

巨蟹座 AB 型
　★ 面對外界溫情主義，卻不讓他人走進內心 ················· 122

獅子座 A 型
　★ 王者之風難掩野心，受到他人煽動而失判斷 ················· 124

獅子座 B 型
　★ 渴望成為擁有權勢地位者，惟需培養耐性 ················· 126

獅子座 O 型
　★ 把人生當成自己的舞台，遂行己願獨裁獨斷 ················· 128

獅子座 AB 型
　★ 人群中最亮眼的一顆星，卻不為人真正了解 ················· 130

處女座 A 型
　★ 謹言慎行追求完美，喜歡批判讓人敬而遠之 ················· 132

處女座 B 型
　★ 在理性與直覺間內心交戰，工作嚴謹生活懶散 ················· 134

處女座 O 型
　★ 無懈可擊的思考決策，不近人情而失人心 ················· 136

處女座 AB 型
　★ 老闆搶著要的人才，卻因吹毛求疵受人詬病 ················· 138

天秤座 A 型
　★ 凡事皆採中庸之道，不喜歡受限的感覺 ················· 140

目錄

天秤座 B 型
★ 思考客觀判斷公正，顧慮太多而優柔寡斷……………… *142*

天秤座 O 型
★ 社交界的天才，小心成為流於表面的人 ……………… *144*

天秤座 AB 型
★ 理性勝於感性善於仲裁，太刻意追求和諧……………… *146*

天蠍座 A 型
★ 熱情追求人生夢想，不甘於一生平凡 ………………… *148*

天蠍座 B 型
★ 對世事冷眼旁觀，封閉自己不願被他人親近 ………… *150*

天蠍座 O 型
★ 看似無知軟弱，實則野心比誰都強 …………………… *152*

天蠍座 AB 型
★ 內心蘊含強大能量，卻給人城府甚深之感……………… *154*

射手座 A 型
★ 崇尚自由的勇者，因口無遮攔招人誤解 ……………… *156*

射手座 B 型
★ 獨特創造力得取先機，半途而廢以致功敗垂成 ……… *158*

射手座 O 型
★ 熱情洋溢行動敏捷，忽冷忽熱若即若離 ……………… *160*

射手座 AB 型
★ 有思考力與行動力，最厭惡拖泥帶水的事……………… *162*

摩羯座 A 型
★ 擁有超凡的進取心與企圖心，卻不信任任何人 ……… *164*

摩羯座 B 型
★ 特立獨行的實業家，應克制對他人的疑心病 ················ 166

摩羯座 O 型
★ 堅忍不拔多做少說，不願改變自己的認知 ················ 168

摩羯座 AB 型
★ 不到最後絕不放棄，太保護自己而孤僻 ················ 170

水瓶座 A 型
★ 具有理想主義和正義感，容易輕視思想平凡者 ··········· 172

水瓶座 B 型
★ 喜歡與眾不同，如能考慮現實因素更踏實 ··············· 174

水瓶座 O 型
★ 重感情且重朋友，自我主張太強 ················ 176

水瓶座 AB 型
★ 保持敏感與超然，別忽略別人的想法 ················ 178

雙魚座 A 型
★ 善良無私，要學會保護自己 ················ 180

雙魚座 B 型
★ 感性總勝於理性，想法情緒飄忽不定 ················ 182

雙魚座 O 型
★ 悲天憫人博愛善良，缺乏主見而隨別人起舞 ··········· 184

雙魚座 AB 型
★ 性格隨情緒變幻莫測，懷疑自我失去方向 ··············· 186

目錄

Chapter 4
語不驚人死不休の的血型排行榜

★ 哪種血型的人說謊眼睛都不眨？ ················· 190
★ 哪種血型的人好勝心最強？ ····················· 192
★ 哪種血型的人最容易登上富比士？ ··············· 194
★ 哪種血型的人聽不進人言？ ····················· 196
★ 哪種血型的人是工作的得力助手？ ··············· 198
★ 哪種血型的人最摳門？ ························· 200
★ 哪種血型的人是最佳戀人？ ····················· 202
★ 哪種血型的人抗壓性最低？ ····················· 204
★ 哪種血型的人掌控欲最強？ ····················· 206
★ 哪種血型的人做事最用心？ ····················· 208

Chapter 5
看破眼前人手腳の的星座排行榜

★ 哪種星座的人最專情？ ························· 212
★ 哪種星座的人最有領導力？ ····················· 214
★ 哪種星座的人最喜歡搞小動作？ ················· 216
★ 哪種星座的人最容易一夜致富？ ················· 218
★ 哪種星座的人最容易精神外遇？ ················· 220
★ 哪種星座的人說話最不能相信？ ················· 222
★ 哪種星座的人最值得珍惜一輩子？ ··············· 224
★ 哪種星座的人最難在戀愛中真心以對？ ··········· 226
★ 哪種星座的人最不了解自己？ ··················· 228
★ 哪種星座的人最容易為錢操勞？ ················· 230

Chapter **1**

血型
透視性格讀心術

一眼穿透各種血型的人格、戀愛、職場、理財全方位性格解析！

還有各種血型緣分配對，馬上看出你我是良緣還是孽緣！

Capricorn
12/22-1/19

Sagittarius
11/22-12/21

Aquarius
1/20-2/18

Scorpio
10/23-11/21

Pisces
2/19-3/20

Libra
9/23-10/22

👶名人：經營之神松下幸之助、搖滾之王麥可‧傑克森、微軟創辦人比爾‧蓋茲

🐻 性格診斷～細心謹慎堅持完美，隱藏著歇斯底里的陰暗面

　　Ａ型的人是崇尚完美主義者，有些Ａ型人表面上不拘小節，相處時間一久，你會發現他對某些事物的莫名執著，讓人費疑猜。他很有親和力，也懂得關切他人，不過能真正深獲他信任的人極少。一旦成為他的知己，他就會無微不至地關心對方。

　　小時候的Ａ型大多能看出本性中任性的一面，年輕時也會展露出好勝心強的特色，但隨著社會經驗的累積，受到世俗無形的約束力，他逐漸學會克制自己的情緒，在眾人面前表現出穩重、謙虛的態度，即使頗有才華，也寧願成為不願過分表現自己的低調派。

　　謹慎行事的Ａ型人，只要聽到一句他人的批評就會耿耿於懷，因此他有時寧願退居幕後，深入專業做個運籌帷幄的大內高手，也不願站出來接受他人暫時的掌聲。

　　此外，Ａ型人的悲觀思想與神經質也是最嚴重的。即使心中持有一套孤高的標準，實際上卻會因為過度在意事情的成效，而讓他成為敢言而不敢為的人，如果最後要付諸行動，一定是經過Ａ型人深思熟慮的計畫後，才能實踐。無奈的是，一旦環境產生變化，就會讓他心生膽怯，所以最好能和行動派的人一起落實夢想，才不會在瞻前顧後下錯失良機。

　　極其敏感的心思常讓Ａ型人的心情處在低潮，建議Ａ型人學會全心地信任自己，才能用正確的心態與他人相處，不至於動輒得咎。穩住心神，就能專心致志地朝著理想的目標苦幹向前衝，一旦學會將高築的理論應用於實務生活中，Ａ型人的成就往往無人能及。

❧ 愛情緣分～注重心靈相通，其實內心更看重現實

A型人在感情上十分小心謹慎，因為他很怕被騙、受傷，所以選擇伴侶通常以是否能信賴對方為考量。因此神經細膩的A型人反而喜歡較坦率、單純的對象，但如遇見非常了解他的人卻又容易一見傾心。A型人在戀愛初期看似非常理智，一旦全心投入後就會變得盲目專一。最常將「永遠」放在嘴邊的A型人，如果在交往時發現對方有重大缺點，會寧願斷然放棄，看似只重視心靈交流的他，其實內心很現實，會因境況改變輕易移情別戀。

💼 職場工作～足擔大任，但最怕被捲進人事鬥爭

A型人在團隊中是典型的現實主義者，很重視工作的規畫與績效，並且有強烈的職場倫理意識，如身為職員，多能成為主管倚重的人才。在工作中，A型人最看重人際關係與工作氛圍，他會努力與同事打成一片，若工作環境充斥流言八卦或同事間難以維持和諧關係，反而會讓他萌生退意。A型主管是厭惡犯錯的完美主義者，很忌諱上班時漫不經心的員工，常常會對員工下執行細節的指導棋。對下屬提交的企畫案，嘴上雖會多加稱讚，卻因其慎重行事的性格，難見回覆或下文。

🍓 金錢理財～平時勤儉持家，遇到夢幻逸品就失心瘋

A型人的不安全感會影響到個人理財的方式。他不太敢貿然嘗試投資，寧願把積蓄存在銀行裡比較安心，如果存款快見底就會精神緊張。平時購物前，A型人會在心中擬好清單，但一看到很喜歡或品質精緻的東西，即使價格早就超出預算，還是會喪失理智，豪爽出手。A型人不只對生活品質有一定的要求，對於個人「門面」或他人觀感更是超乎尋常的在乎，雖然有勤儉持家的一面，但也有不知不覺在短時間內花光薪水的極端衝動，不可不察！

👶**名人**：日本首相安倍晉三、ＮＢＡ巨星麥可‧喬丹、好萊塢影星布萊德‧彼特

🐻 **性格診斷**～自由奔放坦誠相見，隱藏著喜怒無常的陰暗面

生來最我行我素的Ｂ型第一印象常給人不拘小節、冷漠傲慢之感，當與他深交一段時間後，才發現他其實只是不在乎繁文縟節，對誰都是坦誠相見，相處起來反而自在輕鬆許多。

此外，Ｂ型人獨特的浪漫情懷，在不羈的外表下，其實藏有一顆敏感體貼的心。他常以實際的行動關心身邊的人，平常看似不願配合團體，對凡事都有一套自行其是的想法，一旦真的離開了群體，心裡又感到焦慮，即使他們與人群之間一直保持著若有似無的距離，其實他們是最關注「人」的那一群，也希望別人熱情以待。

Ｂ型人的想法靈活多變，也富有創意，如果讓他在一個有彈性變化的環境下成長，他反而能更聚精會神地耕耘，而獲得不錯的成果，因此許多演員、作家及企業家都是屬於此型的人。不過，如果讓他進入一個囿於傳統作風的環境，Ｂ型很快就會像脫韁野馬一般急於掙脫，讓人感到其心不專、難以成事，其實，只是沒有將他放在對的位置而已。

身為Ｂ型人則要格外注意，因為他不太在乎別人的看法，有時太獨斷獨行，會因缺乏全盤的認知又不夠慎重而闖出大禍。而給人愛出風頭卻又辦事不牢的印象，其實他只是一心想把事情做好，只是有些方面欠缺考慮而已。Ｂ型人最令人擔憂的是他毫不掩飾的脾氣，常將心中的感覺完全攤在檯面上，害別人掃到颱風尾而不自知，這也是感性勝於理性的Ｂ型，令人又愛又怕的原因。

❋❨ 愛情緣分～越冒險越要愛，感情冷卻的比誰都快

　　自我意識極強的 B 型，在感情方面，只會尋求能夠認同甚至崇拜自己的對象。因為 B 型人的好奇心旺盛，所以他們的愛情可能從各種形式的關係開始，他對於人的感受很片面與主觀，幾乎是初期的相識就決定了彼此進一步的可能。如果遇到很相合的對象，直接又衝動的 B 型很快就會墜入愛河。但他的感情進程就像迸發的火山，一下就燃至沸點，但一下又趨於平淡，毫不掩飾對感情忽冷忽熱的態度，而其令人難以領教的脾氣，一旦在感情中爆發，往往會對關係造成不可回溯的損傷。

💼 職場工作～做員工易被提拔，做主管則朝令夕改

　　大方風趣的 B 型人善於和大家打成一片，也常扮演樂於助人的角色，不僅熱心，行動力也很強，面對工作，也有很強的創造力，常會受到前輩的提攜。不過，因為 B 型的感性使然，如果投入為了生活而賺錢的工作，感受不到工作的成就或意義，很快就會產生惰性，而給人沒耐性或粗心的形象。B 型的主管常因其想法「瞬息萬變」而朝令夕改，讓下屬無所適從，而其對下屬的犯錯忍耐度又非常低，因此在 B 型主管領導下，人員的流動率蠻高的；如能給 B 型的下屬足夠的空間，反而能夠做出一片天。

🍓 金錢理財～對朋友最大方，花錢如流水存不了老本

　　B 型的理財觀是屬於知易行難的類型，明明月初薪水剛進帳，也想要把一部分錢轉到投資帳戶，無奈就是會不斷遇到一些「很難不花錢的時刻」，往往在無法克制衝動的情況下，到了月底又空空如也。因為喜歡享受與分享，甚至慣於將錢花在知心好友身上，而導致信用卡超刷的狀況，讓財務狀況更陷入窘境。建議 B 型可以找值得信任的人協助理財，才不會出現越理越大洞的情形。

名人：奧斯卡最佳導演李安、足球金童貝克漢、索尼公司創始人盛田昭夫

🐻 性格診斷～最看重人情，受個人好惡影響人生甚深

O型人的性格自然樸實，面對生存與競爭的欲望雖然很強烈，但是他的現實感會促使他用最平實的思維去思考事情，以及用直爽的態度面對生命的變化，所以他的自然率性造就了樂天知命的生存方式，不管到什麼環境，O型都能調整適應得很好。

O型人是很看重人情的，不過對人的戒備也分外的高，面對陌生人，他會敏感地觀察判斷對方是屬於贊同他的一方或反對他的一方，當然，O型的固執只會接受可以認同自己與自己認同的人。

如果他認為對方是可以信賴的朋友，就會越過高牆，對人親切隨和、熱心關照，不過有時因為太過熱心，或在意對方是否認同自己的敏感天線使然，喜歡將自己的經驗模式強加在他人身上，讓人感到很有壓力，即使本質上他是本著一片善意；一旦被O型人最初認定是與他不投契的一方，他就會用全然不同的眼光與方式相待，只要稍有侵犯其現實權益，就會用非常強烈的方式反擊。

除此之外，O型人面對比自己更弱勢的人，會加以關照；若遇上勢均力敵者，就會展現出一較高下的態度；面對明顯在能力上優於自己的人，則會展現出無條件的服從，不過在大部分情況下，O型人還是展現出領導的地位居多，甚至有獨裁者的姿態。

不管在什麼情況下，最好都不要和O型硬碰硬，面對別人明顯的抗拒或挑釁時，他會展現出強詞奪理、氣急敗壞的反應，這時，很難真正地解決問題。O型人應學著謙遜面對人事，態度太過自傲與強硬對自己的人生有益無弊。

愛情緣分～愛上就全然失去理智，回歸現實又若有所失

在面對愛情時，O型人的浪漫神經會壓過理智的那一面，把所有的理性拋到九霄雲外，不管身邊的親友給予任何的意見，他一概都聽不進去，似乎連缺點也對他充滿著吸引力。不過，當時間一久，O型人的現實天線又會回歸正軌，這時，當他看到對方之前自己尚未察覺的一面時，會因前後認知落差太大感到不知所措。O型人比較欣賞聰明能幹的對象，以免讓自己在現實層面上吃虧，遇到合適的對象，也會主動出擊，甚至會因出現競爭對手，對原本並沒那麼喜歡的對象緊追不捨，他的占有欲戲碼讓其在愛情舞台上永不缺席。

職場工作～爭取威望與權位，主觀固執聽不進人言

在職場上，O型人會因其強烈的成功欲望，與爭取威望、權位的企圖心，自然成為有主見、也最適合衝鋒陷陣的大將。不過，他成就自我的願望往往強過於成就團隊的動力，除非能夠讓其站上領導的地位。O型的主管有領導與管理的能力，但因注重實績與依循經驗，即使屬下提出忠言也未必採信，對人的好惡也會影響事業格局。O型的員工最好能派給他任務型的工作，他就有方向可努力衝刺，如果給其毫無挑戰性的任務，反而會挫其熱誠與志氣。

金錢理財～精打細算不吝嗇，花錢看人看心情

O型的人對於賺錢有非常強烈的企圖心與行動力，對於各種投資也很積極參與，一旦找到大有可為的投資標的，可能馬上投入大筆資金。O型人的時而大方與時而吝嗇，也令人摸不透頭緒，他可能衝動地日擲千金，只為了滿足消費的欲望，有時又會覺得每一分錢得來不易，轉而錙銖必較。最適合O型的理財方式是設定一個明確的目標，讓消費有比較合理且適切的標準。對於知己，O型人往往為其花費而面不改色，但若是對於一般人，則會異常吝嗇。

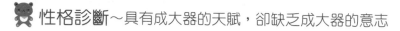
🐣 名人：美國總統歐巴馬、股神巴菲特、金馬獎影帝梁朝偉

🐻 性格診斷～具有成大器的天賦，卻缺乏成大器的意志

ＡＢ型的人同時具有Ａ型的內斂與Ｂ型的直率特質，其雙重的性格顯現在不同的面向，只有少數真正與他深入交往的人，又能減低其防備心的人，才能了解其真實的性格。

一般而言，ＡＢ型是屬於外冷內熱的，初相識時，總給人一種難以拉近距離的感覺，隨著與他相處的時間越長，會意外發現ＡＢ型的人其實很懂得為人著想。

更社會化的ＡＢ型，也有圓滿處理人際關係的能力，他展現出的理智與冷靜，讓人容易為之折服，所以常會擔任某些團體的領導者，並為自己有興趣、有認同感的事情無私地奔走與處理。

ＡＢ型的兩面性，讓他在待人處事上相對的客觀，會盡量一視同仁，公平以待。雖然他心中極討厭偽善和自私的人，卻不會將這種好惡展現出來，因為他不喜歡與人相爭或出盡鋒頭。他的想法觀念有時會與旁人相異，看起來特立獨行，其實他只想做自己，並成為該領域的佼佼者，關於其他的世俗塵務大多不加以理會。

ＡＢ型的人做事能幹，反應靈敏，有時卻無法貫徹始終，往往還沒撐到最後關頭就放棄了，意志不堅，持續性也不夠，這就是導致他失敗的根源。如果ＡＢ型人可以適時地放下過於敏感的神經，避免心性走極端，利用自己的理性與自信，在關鍵時刻，就能表現出超乎預期的能力。

✿ 愛情緣分～給彼此空間，犀利言詞招來反效果

　　ＡＢ型的人對於戀愛充滿著某種憧憬，但又因為其非常理性的個性，導致他在感情的進展往往停止在「想」的階段而已，因此一生的戀愛次數往往寥寥可數。和戀人的相處就像是好朋友一樣，不會過度干涉對方。雖然ＡＢ型很嚮往各種戲劇化的戀情，但最後會發現真正能夠捉住他的心的，是那個可以讓他全然信賴的那個人，一旦確定愛情關係之後，ＡＢ型人將十分珍惜。唯一美中不足的是聰敏的ＡＢ型人善於批判，如果說話不留情面，雖然坦白卻可能會導致反效果。

💼 職場工作～做人圓融處事能力強，慢半拍的行動貽誤先機

　　ＡＢ型的人為人溫和，不會隨便擺架子，行事低調，善於協調各方面關係或矛盾，凡事喜歡講求客觀性及合理性，觀察力強，面對不同的人或環境有時會表現出不同的個性與姿態。他邏輯力好，辦事能力強，在每個領域都能夠受人肯定，也可能出現天才型的人，但有時面對同件事會出現前後缺乏一貫性和堅持到底的耐性。ＡＢ型的主管擅長精打細算，會對屬下提出的企畫案錙銖必較，大多方案最後都會被冷凍起來。ＡＢ型的員工頭腦靈活但行動緩慢，喜歡先思考後行動，容易會有止步不前的情形。

🍓 金錢理財～講求實際儲蓄，投資理財不假他人之手

　　ＡＢ型的人講求實際，不太亂花錢，並且有明確的儲蓄計畫。一旦自己出現經濟拮据的狀況，會變得非常焦慮，不過比起生活品質可能會下降，他們更在乎自己在他人眼中的地位和印象。對於理財投資，ＡＢ型的人寧願自己吸收財經知識再進行投資，也不會把一毛錢輕易交給理財業務。就算投資，也一定會留筆準備金。

從血型配對看你我是良緣還孽緣！

Ⓐ × Ⓐ 契合度 👍 👍 👍

A型有重感情、心思細膩等特質，因此兩人長久相處下會感到對方是最了解自己的人，如能相互信任，就能成為甜蜜恩愛的一對。不過，A型的易感多疑和情緒化，容易將不滿悶在心裡，用壓抑自己來滿足對方，反而難以幸福，易成為感情生變的主因，有什麼不快應該直接和對方溝通，一起解決感情中的問題。

在職場上，同為A型的同儕間，屬於各自嚴守責任分際的組合，雖無格外深刻的感情交流，卻能一同按步就班將事情做好。如為上司與屬下關係，會很重視職場倫理的規範，如果下屬覺得主管是個值得追隨的人，就會對其投桃報李，謀求最高績效；若A型人彼此理念不同容易心生嫌隙，即使不會影響到本分，卻會相敬如「冰」。

Ⓐ × Ⓑ 契合度 👍 👍

A型與B型是剛開始最容易產生強烈吸引力的組合。常感心理壓力大的A型在B型的身邊往往感到很自在、放鬆，兩人互補的性格也能在生活中收得相得益彰之效。但時間一久，B型多變的特質容易引發A型的不安全感，而且A型的戀情傾向低調實際，B型卻喜愛浪漫鋪張，彼此感受的差異，會逐漸感到吃不消而漸行漸遠。

在職場上，行事作風迥異的A型與B型就像死對頭，A型覺得B型工作時太仰賴直覺，常要事後替他擦屁股；B型則覺得A型太老古板，頭腦不懂變通。如果為A型上司、B型下屬，主管覺得B型會挑事做令人傷腦筋；如果是B型上司、A型下屬，下屬會很討厭主管朝令夕改的作風，合作時往往也是A型員工得內傷的比較多。

Ⓐ×Ⓞ 契合度 👍👍👍👍

A型人是很低調的實力派，兼具深度與洞見，因此深獲O型人的欣賞與看重。O型人平時與人相處大刺刺又強勢，唯有遇到A型人時才會展現出感性、溫柔的一面，因此能擄獲悶騷A型人的心。他坦率直接的一面更受到A型人的信任，也給害羞的A型更多示愛的行動力，兩者很緊密相依，更是能夠增進彼此人生發展的組合。

在職場上，O型人的積極、熱誠和行動力，再配上善於計畫的A型，往往可以做出傲人的成果。如A型為主管，其言行一致、低調沉穩的作風，會讓有些高傲的O型心生敬意；O型的好學之心也會讓A型傾囊相授，教學相長下彼此皆有收穫。如O型為主管，則會倚重吃苦耐勞的A型，讓A型下屬對他更死忠。

Ⓐ×ⒶⒷ 契合度 👍👍👍

ＡＢ型人同樣帶有Ａ型人的細膩特質，但其看事情又客觀又全面的方式，可以幫助Ａ型人脫離鑽牛角尖的思緒之中；而秉性純良又有服務熱誠的Ａ型，可以給不太相信他人的ＡＢ型人值得仰賴之感。感情關係中，表面上看來是ＡＢ型在替Ａ型下判斷，其實Ａ型往往照顧ＡＢ型的時候更多。不過ＡＢ型忽冷忽熱的特質，常常會傷到敏感的Ａ型，而Ａ型有時非黑即白的固執又會讓冷靜理性的ＡＢ型覺得莫名其妙，如果兩人常常對彼此的過失追根究柢，就會傷感情。

在職場上，ＡＢ型的下屬會很倚賴Ａ型主管的指揮，因此常讓Ａ型人覺得ＡＢ型雖有才華又聰明，卻像長不大的孩子一般難以獨立；如為ＡＢ型的上司與Ａ型下屬，反而較成熟的Ａ型人，更像主管一些，即使如此，ＡＢ型主管交辦的事務，Ａ型人也會按部就班地做好，但多是處理主管不擅處理的瑣事，Ａ型的成長與發展反而受限。

B × B 契合度 👍👍👍

你們都是很有個人獨特色彩的人，因此能夠有默契地尊重彼此的特質，保持舒服自在的關係，不多加干預。因為彼此的緊密性不強，剛開始戀愛時，還會為對方的獨特性而迷戀，但時間一久，就容易失去新鮮感，回到我行我素的一面，因為兩人都是依循直覺的動物，小心難以抵抗外在的誘惑。

職場上，你們的搭配總是可以帶來愉快自由的風氣，不喜歡被約束的 B 型主管自然也不太會限制下屬，另一方面，B 型彼此具有不需多加溝通就知道如何做的行事默契。不過對 B 型的人而言，了解是一回事，有時還是會照著自己的想法去做。若是主管對 B 型下屬過於放縱，一定會影響到工作進度，建議該有的主管架子還是不能太鬆懈，以免到時一起被拖下水。

B × O 契合度 👍👍👍👍

B 型人和 O 型人其實性格相仿，常常是一見如故的組合。喜歡探索新鮮事物的 B 型人，遇到勇於做自己的 O 型人，不僅認同其堅強與氣魄，還會拋開平時變幻莫測的態度，死心塌地的追隨著 O 型人，處處順著他的決定。而 B 型人的溫柔幽默與崇拜眼光，也讓 O 型人感到很滿足。只是 O 型人的強勢和管東管西會讓 B 型人吃不消，不然這個組合是生活步調吻合的最佳情侶。

在職場上，B 型的主管會覺得 O 型的員工很積極、熱誠，是值得培養的下屬，也會給予 O 型人充分的舞台，給他們很大的空間。面對主管的真心支持，O 型員工更會賣力工作，良性合作下，可以為公司締造佳績。如果換成 O 型是主管、B 型是員工，O 型人會更加擺出主管的架子，既強勢又挑剔，不過個性隨和的 B 型人，反而懂得將壓力化為無形，用崇拜的話語將主管安撫得服服貼貼。

B × AB　契合度 👍👍👍👍

　　ＡＢ型人總是從格外理性、客觀的角度來看世界，所以對於社會上許多約定成俗的處事方式，總感到不以為然；剛好Ｂ型從不拘泥於形式或他人觀感，因此能相互理解。不過，也因為兩人我行我素的態度，導致合則速配、不合則立即分道揚鑣，誰也不願意遷就誰的窘境。如果想天長地久，Ｂ型人要多一些包容，ＡＢ型人要多一點熱情，方可融化兩座冰山，永浴愛河。

　　在職場上，ＡＢ型主管會欣賞Ｂ型員工在公司的團隊合作意識，而Ｂ型有時獨樹一格的思路也有助於公司開拓新的契機，讓勇於創新的ＡＢ型更加認可Ｂ型在公司的不可取代性；Ｂ型的主管則很信賴ＡＢ型員工的遠見與靈活的思路，可與求新求變的Ｂ型主管相得益彰，甚至可為主管分憂解勞。

O × O　契合度 👍👍👍

　　因為彼此都屬於直線型思考的人，因此兩人相處時屬於有什麼說什麼、無話不談的類型，他們就像彼此最要好的朋友一般，去哪裡都黏在一起，也可以相互打入彼此的朋友圈，親上加親，讓感情基礎更為穩固。不過，如遇口角時，彼此都是固執己見、互不相讓的類型，情急之下還會說出傷感情的話，如果能放下平時愛爭強好勝的心態，身段放軟一點，感情更源遠流長。

　　在職場上，Ｏ型的主管與員工如同最佳戰友，一旦認定彼此是可以信任、追隨的人，心中會自然建立對彼此的忠誠度，有什麼問題一同面對、一同解決，是一同實踐夢想的組合。即使偶爾會有意見紛歧的時候，但只要說開了就沒事了，不過如果Ｏ型主管一直展現出強勢高壓的一面，員工雖然能夠理解，但日積月累下，也會難以忍受，硬碰硬的結果，弱勢的一方自然覺得不如求去。

O ✕ AB 契合度 👍👍

兩者截然不同的氣質，讓彼此產生一種戲劇化的吸引力。ＡＢ型的神祕孤僻會引起Ｏ型強烈的好奇心與征服欲；Ｏ型的領導氣勢與冒險精神，可以帶領行事謹慎的ＡＢ型人感受到不同的人生體驗。但也因為彼此的差異過大，粗線條的Ｏ型往往不懂得體察ＡＢ型細膩的需求。另外溝通方式的迥異，Ｏ型是有話直說，ＡＢ型是拐彎抹角，一個表現自我，一個保護自我，再炎熱的火焰也抵擋不住冰山的消磨，而讓感情趨於冷靜與淡漠。

在職場上，如果Ｏ型與ＡＢ型各自能發揮專長，就能成為絕佳的互補型團隊。在此之前，兩者必須先經歷信任這一關。如果Ｏ型是主管，會覺得ＡＢ型的員工雖然是最佳的智囊團，但不夠坦率，難以交心；而ＡＢ型的主管則會覺得Ｏ型員工雖然有衝勁，但有時莽撞行事、不夠沉穩，又難以賦予大任。因此彼此的努力與用心常常在矛盾性格的衝突下導致事倍功半，難以突破合作瓶頸。

AB ✕ AB 契合度 👍👍👍

這是一種精神伴侶的組合。ＡＢ型的人彼此之間會受到對方特立獨行的風格吸引而自然地走在一起，更能透過心靈相契感受到對方的需求。而ＡＢ型原本就極其沉溺在自我世界的特質，也會讓彼此的感情模式擁有更大的自由空間，兩人都不喜歡約束對方，相處時也保持絕對的彈性，因此能常保愛情的新鮮。

ＡＢ型的人在職場上會形成一種彼此互敬的默契，除非必要，絕對不會干涉彼此業務的內容。如ＡＢ型上司有何指示，反應快的下屬也是一點就通，從來不必多作解釋。ＡＢ型雖善於謀略，但也很容易輕言放棄，如果主管覺得員工的方向是對的，就該多加鼓勵，讓員工更有續航力，就會達成出乎意料之外的戰功。

Chapter 2

星座
透視性格讀心術

馬上揭露各種星座的人格、戀愛、職場、理財全方位性格解析！

還有各種星座緣分配對，馬上看出他到底是敵還是友！

Capricorn 12/22-1/19

Sagittarius 11/22-12/21

Aquarius 1/20-2/18

Scorpio 10/23-11/21

Pisces 2/19-3/20

Libra 9/23-10/22

名人：IKEA創始人英格瓦・坎普拉、Google創始人拉里・佩奇、義大利畫家達文西、法國畫家梵谷

3月21日~4月19日
Aries 白羊座

🐻 性格診斷～樂觀積極求新求變，隱藏著自恃甚高的陰暗面

不論是什麼年紀白羊座的人，身上仍存有對世界最純粹的目光，並永遠懷著大孩子般的情懷，他對萬物的好奇心與探索欲，以及源源不絕的熱誠與信任，都是十二星座忘塵莫及的。

天生喜愛求新求變的個性，加上凡事都要做到第一的好勝心，讓他在面對競爭壓力時，並不以為苦，反而會戰鬥力十足地向前衝，對於開創性的活動或是探險旅遊，總是躍躍欲試，他的人生似乎一直有個目標在實踐中，鮮少有停下來的時候。

白羊座行俠仗義的性格也會讓他結交各路好友，即使如此，對於真正的朋友他心中有一定的準則，不太欣賞太功利或現實的人。白羊座的人因為想法單純，所以他講話也不太喜歡拐彎抹角，會把真誠當成識人的準則，因為他自己總是以真心相待。

主觀性超強的白羊座，雖然自信滿滿，但也有固執的一面，只要他決定的事情，會毫不猶疑地馬上執行，深怕落後他人，有時也會因為欠缺全盤的考量，顯得過於莽撞決斷、粗心大意而犯錯。因為白羊座的人只管執行的大方向，並不擅長處理細節，如果有任何需要謹慎的事，最好還是假手他人。

白羊座的人總是展現出自在大方的一面，縱然偶爾有情緒低落的時候，好強的他也絕不輕易表現出來。在團體中，他希望自己扮演的是舉足輕重的地位，能夠受到大家的重視，相對地，喜愛行俠仗義的他也會扮演好大哥或大姊的角色，給身邊的人足以仰賴的安全感。

愛情緣分～只求轟轟烈烈的愛，卻無深度思想交流

　　白羊座對愛的反應很直接，屬於掠奪型的戀愛方式。一旦他對一個人有好感，一定會大膽表白，對方很難感受不到他的炙熱情感。如果成為戀人，他也會無微不至地呵護對方。不過，如果他覺得這分感情沒了新鮮感或缺乏挑戰性，感情的熱度就會明顯退散，顯得急躁不耐煩。情人最好能時時給予明確的讚美或支持，時時替感情加溫，滿足他被需要的感覺，如能延續白羊座不愛則已、一愛就轟轟烈烈的熱度，就能讓他成為愛情的最佳守護者。

職場工作～適合打天下的戰將，小心以偏概全行動失誤

　　戰將型的白羊座最適合用在開創型的工作或產業，只要工作的目標很明確，他就會全心投入，只希望能爭取到讓主管重視的機會。白羊座對人生的野心和企圖心也讓他在工作時不遺餘力，但要小心對於主管授權的目標是否有明確的認知，否則容易因為盲點以致過於自信而導致行動失誤。白羊座很需要眾人的掌聲與認可，如果他覺得自己在這個工作領域無法再提升潛能，或是純粹為了現實而工作，就會心生排斥而有了離職的念頭，最好以理性評估目前的得失，如果能持續投注努力，成為人中之龍只是時間早晚的問題。

金錢理財～賺錢急驚風，花錢不眨眼

　　白羊座的人想要賺錢的欲望來自於他想要滿足自己的需求，或純粹是追求業績獎金攀升的榮譽感，因此如果有賺錢的機會他絕對不落人後。白羊座既會努力開闢財源，讓自己過著很體面的生活，消費時，也會展現出阿莎力的個性，如果喜歡一樣東西，一定馬上叫店員包起來；如果能力未及，就會努力工作以獲得他想要的東西。認為及時享樂比儲蓄更重要的白羊座，不會為了省錢而犧牲生活品質，還好他也很會賺，否則死薪水哪跟得上他燒錢的速度。

🐞名人：富邦金控董事長蔡明忠、精神分析學家佛洛伊德、國際影星周潤發、足球金童貝克漢

4月20日~5月20日
Taurus
金牛座

🐻 **性格診斷**～意志堅定擇善固執，安逸現狀不知變通

　　星座象徵中帶著牛的意象，就已透露出這個星座堅毅的本質，也許他的反應並非敏銳靈活，但只要他認定想達到一個目標（通常與想達到存款目標或想買一個物超所值的東西脫不了關係），這股蠻勁絕對不容忽視。雖然金牛座的行動異常緩慢，但這是為了順利完成長途競賽而儲備能量，只要給予充分的時間與空間，他一定會做出符合預期、並且收得實效的成果。

　　除此以外，他還非常重視安全感，不喜歡頻繁的變動，對於人際關係也喜歡維持往日的朋友關係，除非必要，不主動走出自己的舒適圈去認識新朋友、接受新的挑戰。

　　守護神為金星維納斯的金牛座，除了帶給他對藝術與美感的鑑賞力，對他而言，「享受美好的事物」就如同生命的意義，不可或缺。所以你可能常常在臉書上看到金牛座更新享受美食、購入精品的分享照，但這些實質的享受，可是他一步一腳印用踏實的工作態度換來的。

　　一旦他滿足了心中的階段性目標，可能就會安逸於現狀，不願再加以突破，一方面是他害怕挑戰會破壞已安排好的生活步調，一方面，他過去費心存的老本與未來穩定的收入，再加上有固定收益的投資計畫，根本不需要再多做任何冒險嘗試。

　　當他進入這種安然自適的狀態時，除非有什麼明顯的利基或其他可享受的體驗機會，不然就很難叫得動他，所以有時候也會給人一種沉浸於安逸世界的懶惰感，誰叫他已經做好以不變應萬變的萬全準備了呢！

◖❦ 愛情緣分～感官的滿足與荷包的厚度決定了緣分深淺

喜歡一切美好事物的金牛座，除了會睜大雙眼尋找外表看起來合乎他對「美的感官」鑑賞力的對象，即使找到了，也不會盲目投入，而會「慢慢觀察」，等時機成熟之際，他才會去採收愛情的成果。對於金牛座而言，即使是談戀愛也離不開金錢的影響力，最好能找到願意一起為「人生目標」存錢的人。一旦真心投入了，他會絕對的忠誠與實際的付出，畢竟有了良好的物質基礎，才能滿足他對兩人未來能繼續無憂的看日落、喝下午茶的生活享受。

💼 職場工作～謹慎實際苦幹實幹，不擅挑戰性高的任務

苦幹實幹的金牛座在職場中不耍口才、不會眼高手低，他會本著謹慎的性格、抱著謙虛的態度，抓住一切學習的機會，用自己的勤快去彌補自己的不足之處。當他習慣於同一個工作模式之後，就不會輕易轉換，會勤奮努力地慢慢累積自己的經驗值與實際的工作能力，讓自己穩紮穩打地站上高位，建立起職場的聲望！不過，因為金牛座對於事業沒有非常強烈的企圖心，對他而言，他只要幹好分內之事就好，這點反而會成為職涯成長上的隱憂。

🍊 金錢理財～把錢花在刀口上，絕不委屈自己的欲望

為了讓自己吃穿不愁、精神無虞，賺多少就固定存多少的金牛座，為了把錢花在刀口上（通常與滿足他的物質享受有關），平常對自己大方，對別人付出則能省則省的態度，難免給人一點鐵公雞的印象。但確實為自己日積月累地積存下可觀的財富，對於投資不輕易冒險的性格，會讓他把錢放在日後確實能夠看見增長的投資。年輕時的金牛座可能非常簡樸（但手中拿著一個愛馬仕包），等到步入中老年，他早已成為一個包租公或包租婆（即使還是看起來很樸實）。

名人：人權運動領袖翁山蘇姬、法國畫家高更、美國導演克林‧伊斯威特、日本文學家川端康成

5月21日～6月21日
Gemini
雙子座

性格診斷～才思敏捷靈活多變，但精神年齡難以跟得上

雙子座的人常常與心中兩個不同的自己不斷地對話，因此給人才思敏捷、善於溝通的靈活多變形象，此外，他從小就對文字、語言有著異常清晰的敏銳度，甚至常常靈機一動創造出時下最新的流行語。因為他見多識廣，和雙子座聊天，總會聽到許多新奇的資訊，很難想像他到底花了多少時間在消化網路新聞和報章八卦。

由於受到守護星水星的庇佑，他頭上的天線吸收資訊的能力超強，也喜歡對各種事情保持高度的興趣，終其一生都在追求自我智識的學習成長。多變的特質，也讓他不容許自己一直停留在某一個狀態或環境太久，而對於吸收新知的焦慮（他們希望自己站在時代資訊的尖端，決不容許自己的資訊或八卦接收落於人後），讓其總有超齡的理解力與表達力，但實際的精神年齡卻往往難以跟得上。

他總是與各種當代最流行的事物、產業總脫不了關係，甚至因之獲利，總之有什麼想要知道的最新訊息，問問雙子座的朋友就會在最短的時間內取得答案（不過未必精確）。

除此之外，雙子座喜歡短程的旅行，讓他能在旅途中吸收更多的見聞與心得，並放鬆一下總是要擠出有趣話題的緊繃神經，短程旅行也不至於與都市的生活斷訊。所以他的行李箱總在整裝待發的狀態中，可能剛去一個地方才回來，連旅遊網誌都還沒分享完，又準備要動身去下一個小旅行了。不過，無論他跑到哪裡，都少不了智慧型手機，因為他這輩子最害怕的就是沒人聽他講話又與世隔絕的生活。

❀ 愛情緣分～永保年輕魅力四射，只要感到無趣就想放棄

因為雙子座的思緒瞬息萬變，當然一定要找到跟得上他思緒的伴侶，他們最無法忍受別人的遲鈍、緩慢和蠢笨，更別說是一成不變的情感關係（對於出軌他總能說出一套似是而非的原因），這也是他最為人詬病的地方。在情場上，他們依然不改善變的特質，總讓另一半頭痛不已。不過，如果另一半能隨時替情感營造情趣、雙方有聊不完的話題，讓他覺得摸不透你，或覺得和你在一起很有趣，反而能夠成就一段永保新意的戀情。

💼 職場工作～學習能力強，但要質疑其言是否確實執行

在工作環境中，雙子座會希望和每個人的相處都有如朋友一樣，如果身為上司也不會給下屬太大壓力。不過，面對比較不擅溝通表達的同僚，會乾脆與其保持距離（他怕自己聊不下去）。初入職場的雙子座，有時為了表現積極努力，會把自己的能力說得舌燦蓮花，實際上有些層面他根本只知皮毛、學藝不精。如果能學會審慎言行，並善用交際手腕、口才能力，其實能成為公司不錯的代言人或是策畫高手。

🍓 金錢理財～有賺錢的商業頭腦，卻因愛嚐鮮而不知花到哪

因為擷取資訊的速度比別人快，頭腦也很精明，所以雙子座其實蠻有生意頭腦和投資直覺。如果能確實充分地利用才學，就能成為自己財務上的智多星。不過，為了應付虛榮心，雙子座的錢通常來得快、去得也快。他們會因為覺得新鮮好奇，買一堆華而不實的東西放在家裡閒置，等到手頭吃緊時又後悔不已，導致入不敷出的窘境時有所聞。假如能專心研究某些投資，也可望成為短線贏家，只是前提要先把薪水存得住才有本錢可投資啊！

名人：美國影星湯姆‧克魯斯、美國文學家海明威、香港導演周星馳、南非民權領袖曼德拉

6月22日～7月22日
Cancer
巨蟹座

🐻 **性格診斷**～心思敏感樂於關懷，因感性氾濫而公私難分

巨蟹座是十二星座中最具有母性的星座，即使是男性也同樣帶有體貼、對家人與好朋友非常忠誠，並能細心照顧的本質。

因為巨蟹座的守護星是月亮，就如同月有陰晴圓缺一般，他的心思很敏感細膩，常因易感而影響心情起伏，即使防衛的外表讓他以為偽裝得很好，一旦底線被觸犯，可能會轉而冷若冰霜。不過大多時候，巨蟹座都會為親人朋友扮演著守護者的角色，總是無時無刻地關心周圍人的飲食、冷暖，而且，大多數的巨蟹座都有不錯的廚藝，或是持家的本能，畢竟與家的連結是他精神上唯一能信任並仰賴的地方。

巨蟹座的人天生具有旺盛的精力和敏銳的感覺，道德意識很強烈，自尊心也很強，同時生性慷慨、感情豐富，樂意幫助有需要的人，並喜歡被需要與被保護的感覺。

大部分巨蟹座的人都比較內向、羞怯，基本上他很缺乏自信，也不太能適應新的環境。雖然似乎對新的事物看來很感興趣，但骨子裡卻是非常傳統、戀舊的，因此，巨蟹座對於過往也有超乎常人的記憶力。

雖然巨蟹座很需要情感的滋潤，但是有些巨蟹在感性的外表下卻擁有一顆獨立的心，不只有獨自一人管理事業的能力，也有獨居宅在家的習慣。不過，一旦面對到與人之間的聯繫，巨蟹座的感性總是勝過理性，反而會影響到決策與行動的準確性與客觀性。

❧ 愛情緣分～待情人如親人一般，太大猜疑心讓對方吃不消

巨蟹座的情人對他而言其實就如同家人一般，因此，他會先細心觀察對方是否能夠給他像家一般的歸屬感和信賴感，一旦得到他的認同，他就會像守護家人那樣守護愛情。因為巨蟹座對於情感非常敏感，如果一有變數或是不穩定的因子，他就會失去安全感，展現出想要強力掌控介入的一面，有時甚至會使情人對他的猜疑與情緒起伏吃不消。巨蟹座也會將自己被人需要及想照顧人的那一面表現得很強烈，小心奉獻過後如果得不到應有回報，反而未來會有戀愛上的陰影障礙。

💼 職場工作～被低估的職場黑馬，別因私交影響公事

為了達成自己的目標，巨蟹座其實是一個能夠兼顧理想與現實的強勢黑馬之星，雖然初入職場之際，他的溫和與沉默讓人感到有些距離，但他的暗自努力，與不為人知的企圖心，往往能夠得到上司的信賴，成為最後被拔擢為主管的人。此外，巨蟹座的人在職場上非常注重隱私，不喜歡別人多加過問公事以外的領域，即使他看來非常溫和，也別輕易試探他的私事。一旦與同事間交往久了，巨蟹座也會逐漸卸下心防，融入團體，關心大家，但要注意千萬不要因為私人交誼影響到公事或職場的關係，反而對自己不利。

🍊 金錢理財～未雨綢繆的存錢達人，小心誤信親友投資招損

巨蟹座因容易焦慮，所以對於金錢的用度上會格外留意，甚至還會為未來的人生規畫好退休基金。此外，巨蟹座也是不折不扣的實用主義者，他從來不會被名牌的光環所迷惑，反而大多把錢花在家用或是布置家居生活、增加生活情趣上。他不會對家人、情人、重要的友人吝嗇，為了表達關心也常樂於付出。基本上，巨蟹座是不會淪於為錢傷腦筋的星座（但有可能為未來開支窮操心），有時反而會誤信親友報的明牌，招致損失而心痛不已。

7月23日~8月22日 Leo 獅子座

🐻 **名人**：金融天才喬治・索羅斯、時尚設計師安娜・蘇、美國流行天后瑪丹娜、ＮＢＡ籃球明星林書豪

🐻 **性格診斷**～王者風範樹立權威，自視甚高讓人不敢恭維

　　獅子座是最具有權威感與支配能力的星座。通常帶有一種貴族氣息或是王者風範。他做事相當獨立，知道如何運用自己的能力和權術以達到目的，以爬到讓人尊崇的地位。獅子座的人天生就需要一個讓他散發光芒、展現自我特質的舞台，來接受觀眾的掌聲，相對地，他的星座象徵也代表了階級意識、特權與領導統御力，讓他天生就有一種高人一等的自尊心。

　　在獅子座的字典裡只有一個字：榮耀。因此他會把握每分每秒展現自我的機會，甚至相當自我中心地等著環境改變，來適應他的腳步。絕大多數的獅子座終其一生都在尋覓獨一無二的自我價值，或者乾脆創造出新典範，又為了與世俗之流區別，得一再地推陳出新，因此時裝界有許多經典大師都來自這個星座。

　　基本上，獅子座的人大多具有領導的天賦與天生的權威感，如果他沒將這分勇敢、自信、創造力用在工作上，那麼他一定將精神放在別的地方了。

　　此外，獅子是森林之王，理所當然喜歡呼朋引伴，耐不住寂寞，因為為人講義氣，也蠻有人緣。不過他也會展現出頑固、傲慢、獨裁的一面。他對自己很有自信，也很擅長管理組織，並發揮創造的才華，使成果具有建設性、原創性，是個說得出就做得到實踐派。

　　因為需要外在掌聲的認同，獅子座喜愛炫耀、指揮他人，有時會因其自視甚高的國王病或皇后症的特質讓人不太敢恭維。你口中的缺點甚至是讓他驕傲的原因。

❤️ 愛情緣分～像偶像劇般的專一，寧可錯過也不願被傷害

獅子座因為相信自己與眾不同，所以對戀人的要求也極高，對方就算無法如明星般閃亮迷人，至少也要品味出眾。雖然獅子座在外看起來很不可一世，但愛情是他唯一心甘情願屈就的時刻，獅子男會展現出照顧女人的氣度，獅子女也會展現出尊崇另一半的特質。即使如此，他卻不會愛上一個唯唯諾諾的服從者。獅子座不能容忍各種形式的背叛或欺騙，因為這無疑是在直接踐踏他的自尊心。雖然大多時候他都非常強勢，但受情傷時卻會脆弱地宛如貓咪，暗自舔拭傷痕，在人前卻表現出一副若無其事、陽光開朗的樣子。

💼 職場工作～積極爭取舞台，放不下身段則演變成落難君王

獅子座的人生觀是很積極進取的，他會勇於去追求權位或名利。初進職場，就能展露令人激賞的才華或超強的執行力，因此短時間就能成為矚目的焦點。若是他因此放不下身段，一直端著王者之尊的架子，也會難以融入團體，印象分數也會被大打折扣。一旦成為主管，獅子座絕對重視職場的倫理，而他也會扮演講義氣的大哥、大姊，領導團隊朝著正確的方向前進，也會照顧屬下的福利，但要小心忠言逆耳，被拍馬屁之人奉承而影響了平時決策的水準。

🍊 金錢理財～賺錢能力一把罩，虛榮心太強招致荷包漏洞

雖然獅子本身很有賺錢的能力，或是突如其來的中獎運。但往往因為虛榮心太重，成為荷包漏洞的致命傷。總之他的錢都花費在吃喝玩樂和買好東西慰勞自己上。常常花錢花到超過能力負擔的範圍，最好能謹記花錢是個人的事情，未必要做給他人看，在他人面前不妨降一下自己的派頭。即使喜歡名牌，也應該建立起每月花費的上限，才不至於卡費總是超支。如能學會量入為出，審慎理財，獅子座本身的招財能力就足以讓他過上優渥、令人稱羨的生活。

名人：唯心主義哲學大師黑格爾、日本流行天后安室奈美惠、台灣名廚阿基師、時尚大帝卡爾‧拉格斐

Virgo
處女座
8月23日～9月22日

性格診斷～熱心好學極欲成長，若不如己意就會碎碎念

處女座的人帶有知性的色彩，做起事來一絲不苟，不論對自己或對別人都有極度的批判精神，並總希望事情的發展或別人的反應都符合他的期望設定，厭惡任何虛偽與不正當的事。因此，他的待人處事很踏實，能在自我的理想與實際並存的生活中，為自己覓得發揮的一席之地。不過，他既挑剔又追求完美，常常在潛意識裡責怪自己做得不夠好，太重視細節反而失去應有的水準。

處女座做事周到、細心、謹慎而有條理，並非常理性。在執行前，他喜歡把事情由點而線而面地一點一點地分析與規畫，直到他覺得萬事俱備才會施行，不會貿然行事，一旦做了也絕不會半途而廢，還會將每次做人做事的經驗再重新編入自己的經驗資料庫。他對自己的要求很嚴格，從不妥協、讓步，是個優秀的幕僚人才及工作狂。

除此之外，處女座的人對於保健養生知識總是特別有興趣，只要這些知識有醫師或營養師掛保證，他就會照表操課，小心翼翼地保持身、心、靈的平衡，生活作息也盡其所能的嚴謹。

講求秩序與道理的處女座，一旦發現事情的發展脫離他安排好的軌道就很容易歇斯底里，甚至會開始發揮鑽牛角尖和三寸不爛之舌的嘮叨，這都是因為他精密的計畫被打亂後的精神憂慮，最好改掉把自己的標準套用在所有人身上的毛病，有時候只要管好自己，對別人睜一隻眼、閉一隻眼，日子會更順遂如意。

愛情緣分～毫無保留的付出，但喜歡要求對方合乎高標準

處女座對愛情的想像一直藏在內心深處，一旦你通過考驗，讓他決定付出時，過去壓抑的情感都將毫無保留地投注在你身上，雖然平時溫文儒雅，但私底下的他可能會忽然變得熱情大膽。不過，能被標準超高的處女座選上是非常幸福的，因為處女座的人寧願犧牲自己，也不會去勉強所愛的人，只要他認為你是個值得付出的人，就會義無反顧地投入。和處女座維繫感情最好的方法就是談論工作的話題，分享彼此的看法。處女座要注意別將自己對任何事情的標準或原則壓在情人身上，採取抓大放小的方式，可以緩解相處時的壓力。

職場工作～務求品質的執行者，卻忘了時效的重要性

完美主義的處女座最適合在職場中扮演執行、監督、協助的角色，初入職場之際，便抱著遠大理想，總是使命必達，可能連主管沒注意到的小地方都執行得很周全。只要受到主管的認同，他是能夠為公司奉獻的忠心老臣。不過，他有時候會因為糾結於細節，導致決策難行、工作延宕。如果共事時，遇到無法合乎他「職業標準」的同儕，就會難以寬貸。如果處女座能做到「寬以待人，嚴以待己」，會發現有些事情其實可以進展地比想像中還順利。

金錢理財～花錢時錙銖必較，但零碎的開銷依舊少不了

處女座覺得沒必要多花的錢，就會非常精打細算到讓你瞠目結舌的地步，甚至為了達到自己認為的「合理價值」，寧願和對方討價還價；如果是把錢投資在進修學習、美容養生、保健食品上，他花起錢來絕不手軟。平時，別人想在「金錢」這一塊占他便宜可是門都沒有，相對地，他的心中也絕對不願輕易接受別人的餽贈，因為對他而言，在人情這一塊，出來跑總是要還的，收了太多也怕自己承擔不起。

名人：德國哲學家尼采、中國文學家張愛玲、鐵娘子柴契爾夫人、華裔設計師吳季剛

🐻 性格診斷～重視和諧維持公理，太在意他人而患得患失

就如同天秤座的符號——天秤一樣，衡量公理、維持和諧是他的天性，他憎惡所有的不公、不義的事情，所以如何在現實的是非黑白中站得住腳，是天秤座與生俱來的本領。

由於天秤座的守護星是金星維納斯，所以他對美感有非常敏銳的鑑賞力，對於人、事都有一套論斷的品味，同時，他也是次於處女座的另一個完美主義者。天秤座不只注重自身的形象，在意他人對自己的看法，同時也很在意身邊友人、情人的氣質，是否與他合得來，因為那也是屬於自己形象的一環，不能忽視。

他看來總是溫柔儒雅、平易近人，你似乎找不到他為現實而擔憂的必要，但事實上，他常為現實與理想的標準、人我關係的拿捏而侷促不安，總是在尋找一個解開矛盾糾結的方法，只是他不會在人前展露出「負面」的一面罷了。

大多時候，天秤座會表現出性格平穩的樣子，不論與任何人交往，都有同一套樂於相事的模式。你會以為他總是和大家打成一片，善於合作溝通，事實上，為了避免讓自己陷於是非論斷的處境，他鮮少表示對人、對事的真正看法，讓人感到在他的親善之外隔著一層紗，摸不透他真正的想法。

此外，因為他們總希望能夠圓滿地達成每一個人的期望，因此有點缺乏個性，處事優柔寡斷，欠缺主見，有時考量太多，反而將事情想得太複雜，失去自我的角色，不見得利於人生的發展。

✦ 愛情緣分～善於與人結緣，不懂衡量現實為關係帶來危險

天秤座因為能感同身受了解他人的想法，因此締結任何形式的關係時，幾乎都沒有阻礙。他注重自己呈現出來的美感、氣質，機智、聰穎的個性常常讓他成為異性目光的焦點，尤其他深諳如何在平穩的關係中加上一點點危險的因子，在收與放之間使得戀情總是甜蜜如新。當有了另一半之後，大多數的天秤座很少能忍受孤獨，更有嚴重的逃避現實傾向，他不容許任何柴米油鹽醬醋茶的生活現實破壞感情浪漫的氛圍與和諧，最好能遇到一個互補的對象，才能讓他理想的關係得以在現實中落實。

💼 職場工作～重視合作關係與氣氛，卻疏於經營自己的專業

身為交際花的天秤座，認為在職場上，做人成功才能做事順利，所以他們會把心思放在如何搞好同事關係上，如果他把張羅人際關係的時間都拿來認真辦公，腳踏實地提升自己的專業技能，在工作上的表現會更突飛猛進。不過，也由於他善於處理與「人」有關的事情，擁有絕佳的外交手腕和談判能力，擅長找到雙方的共通利基點，定能在能言善道的斡旋手腕下，為公司創造更多佳績。除此之外，他也很合適從事與美的事物、形象打造相關的任何行業。

🍓 金錢理財～重享受、形象的營造，鋪張浪費掉入虛榮黑洞

重視物質享受的天秤座，為了可以一直讓自己過著貴婦、少爺般的生活，會很努力地賺錢，想辦法讓自己的收入達到一定的水平。即使他想要多存一些錢，但由於十分在乎自己對於形象、品味的堅持，以及人際關係的應酬與回饋，而顯得揮霍無度。其實他明明不必為錢擔憂，卻在追求質感、氣氛的情況下，心一橫就刷卡，實際上，很多錢都花得並非必要，如果希望能夠一直衣食無虞，至少要在收支上先做到平衡吧！

名人：繪本作家幾米、美國影星李奧納多‧狄卡皮歐、法國影星蘇菲‧瑪索、QQ教父馬化騰

Scorpio

10月24日~11月22日

天蠍座

性格診斷～個人的直覺勝於一切，過於自以為是而樹敵

比起其他星座，天蠍座是最為隱晦神祕的，因為他的守護星是操控著毀滅與重生的冥王星，所以關於人性中的黑暗面，或有關性、死亡、神祕、與禁忌的重大事件，遲早都會降臨到天蠍的生命歷程中，並且深深改變他們的想法及行為。天蠍座通常會有複雜的金錢關係，他的財務關係總離不開生死大事、愛恨情仇之類和權利相關的事宜。

一般而言，天蠍座都特別重視隱私，因為資訊的取得和保密，會讓他們感覺自己之於他人有更大的權威感及控制力。這個星座的人有著強烈的第六感，做事常憑直覺，雖然有著敏銳的觀察力，但最後往往仍靠感覺來決定一切。

由於天蠍座的人非常好勝，這是基於超越他人的優越感，以及不斷填補內心深處成就的欲望。因此，他心中只要訂立一個目標，就會以不屈不撓的鬥志和戰鬥力，深思熟慮地朝目標執行。

也由於天蠍座屬於水象星座，因此在情感上非常敏感，通常他們是深情而且多情的，雖然表面上看起來很平靜、沉默寡言，但內心卻是波濤洶湧。他在決定行動時會表現得大膽積極，是屬於敢愛敢恨的類型，這時才能夠窺見他外表冰冷、內心熱情的一面。

天蠍座的人因為行事作風都以自我為中心，絲毫不採納他人的建言，其獨斷獨行的傾向，高傲的個性與衝動的行為都容易為他樹立不必要的敵人，如果能夠開闊心胸，真誠地相信他人，多接納別人不同的想法與作風，待人處事會更順利。

愛情緣分～渴求精神相契的感情，卻離不開金錢糾葛

天蠍座的人總渴望能夠遇到懂他、順服他一切安排的對象，當他遇到合適的對象後，便會沉迷在控制他人的情結下。天蠍座的愛情通常獨占性非常強，他會先觀察此人是否能夠完全得到他的信任，重視情感上的忠誠，再來才是感受此人是否具有魅力、吸引力的決定性考量。當天蠍座愛上一個人的時候，會在精神上、生活上全方位地倚賴對方，不過，他也願意盡其所有的付出，但只要讓他察知任何形式的背叛，他就會回到比原來更翻臉不認人的無情，並讓對方付出相對的代價。

職場工作～抱著成為人上人的野心，認為他人皆有所圖

天蠍座的人天生就有追求成功的野心，一旦認為自己可以在某個領域達到自己的目標，不論接受多麼艱鉅的任務，都會以非常強大的熱情與意志力想辦法達成。初進職場時，他未必會嶄露頭角，而會默默累積實力，以沉潛之姿向上爬，直到達到能夠掌控想要的資源與人事布局的地位，才會滿足。心思深沉的天蠍座，會抱持著「職場無朋友，盡是潛在敵人」的想法，無法坦誠對待同儕；若身為上司，則認為接近他的人皆有所圖謀，喜歡事必躬親，而難以贏得聲望。

金錢理財～深諳天衣無縫的為富之道，認為錢與權不可分

天蠍座因為打從心裡看透人性現實的黑暗，認為一定要靠自己累積財富，力求自己成為「資源分配者」，而非「被分配者」，對於財富達到絕對的掌控度，才能安心。消費時，天蠍座對用錢的態度很極端，想節省的時候可以一毛不拔，卻會為了在人前展現其權勢而擺闊。他的慷慨大方只針對自己重視的人，甚至會將個人的財務規畫擴及情人、家人身上，以備不時之需，對那些他認為無足輕重的人則表現得極端吝嗇。

11月23日～12月21日

Sagittarius

射手座

🐵 **名人**：音樂神童貝多芬、美國幽默小說家馬克‧吐溫、美國影星布萊德‧彼特、美國動畫大師華德‧迪士尼

🐻 **性格診斷**～探求人生高深的真理，眼高手低忘了築夢踏實

射手座的象徵是一匹帶著弓箭的人馬，因此綜合了人類的智慧與馬匹快速的移動能力，出於跨界的結合，他的想法不會只偏向一己之私，會秉持高的道德水準行事，而且非常堅定。

因為想法天馬行空，胸襟開闊，因此射手座面對人生往往有獨特的遠見與角度。在人生的各個階段，他都會積極努力地尋找人生的信仰，或希望從高等的智識中得到啟示與人生的真諦。

射手座就像一支永遠射向他方的箭，天生就有想要去哪裡、做些什麼的衝動，因此獨具國際觀，並對異國文化感到興趣，總是夢想著能到天涯海角一個不知名的異境去瞧瞧，最好可以環遊世界、四海為家，感受各種文化不同的風情。

因為開闊的視野與不拘泥的胸懷，射手座往往是人群中的開心果，生性開朗，跟誰都能打成一片。因為他對各種知識範疇都有興趣，喜愛旅行也喜愛探險，所以常常可以交到各種不同類型的朋友。他樂於接納他人的作為，樂於探索未知的想法，也讓自己眼界非凡，因而帶來幸運。

不過，也因他性格熱情、直爽，卻缺乏體察他人感受的細膩天線，有時會想都不想地脫口而出心中真實的想法，無意中傷害他人而不自知；如果他的想法過於天馬行空，又喜歡包山包海地承擔那些自己能力未及的事情，就給人不可靠的質疑。

愛情緣分～愛情哲學與直覺至上，害怕被束縛的不自由

熱情的射手座，對於愛情絕不拖泥帶水，也會比較欣賞心胸開闊、活力充沛的異性，但當他覺得彼此之間的愛情已經消失、變質，或不符合他當初的理想時，便會毫不猶豫的掉頭離去，而且不會有絲毫的留戀。此外，多情的天性或對愛情的特殊哲學也使他有四處尋求獵物的可能，雖然天真的他認為感情本來就是充滿變數，最終的結局誰也說不定，卻會因這樣的愛情傷了人也不自覺，如果愛他，就只能放手給他想要的空間，他才會想要留在你身邊。

職場工作～帶動積極工作的氣氛，只管方向的夢想家

樂觀積極，是射手座登上事業高峰的奠基石。他會用這樣的態度去感染身邊的人，激發大家工作的積極性。此外，射手座重視成就感和自我價值的實現，因為眼界寬闊，所以思考方式總是條條道路通羅馬，懂得靈思權變。即使射手座身為主管，卻沒有什麼主管的架子，反而會像一個樂於引導大家的大哥哥、大姊姊，放手讓下屬去完成計畫。不過，對於實際該如何執行，他自己只有大方向，最好不要針對執行細節凡事去請示，會讓他覺得你很沒想法。

金錢理財～有錢就花沒錢就賺，放浪哲學反而有貴人相助

對於射手座而言，做什麼、去哪裡都是憑一時的感覺，只要感覺對了，花點錢買享受也無所謂。而且閒不住的射手座在大吃和旅遊上的花費非常捨得，對他而言，人生苦短，此時若不把酒言歡，更待何時？即使如此，射手座也知道不能完全忽視現實的狀況，所以你會看他可能努力工作好多年，卻突然留職停薪去進修充電，就算有憂慮，一轉眼就拋在腦後，與其擔憂，還不如積極去尋找可以樂在工作的方式，這樣樂天知命的想法，即使他遇到青黃不接的時期，也可能出現貴人相助而扭轉情勢。

12月22日~1月19日
Capricorn
摩羯座

👤 **名人**：動畫大師宮崎駿、日本文學家村上春樹、美國影星丹佐‧華盛頓、英國天文學家牛頓

🐻 性格診斷～吃苦耐勞務實認命，位高權重則氣勢凌人

　　摩羯座的守護神是農神撒旦，他是一個老年人的象徵，也印證了摩羯座的精神年齡。所以不論幾歲，摩羯座的談吐往往帶有一點老成的氣質，與成熟的待人處事能力。星座象徵中費盡千辛萬苦爬上山頂的山羊，也代表著他擁有超乎常人的毅力與耐性，以及超強的意志力，能夠吃盡一般人不能吃的苦，自然也能成就一般人望塵莫及的事業。

　　但是因為他過於認真、嚴肅面對人生或工作，從年輕時就會很務實，雖然這讓他因此更懂得認命，但對於凡事過度謹慎的性格卻容易畫地自限，因力求安穩而讓人生就停留在某一個階段的成就。

　　摩羯座的守護星是土星，它意味著學習和責任的承擔，因此摩羯座的生命中確實有著許多不可承受之重的課題在眼前，等著他去挑戰和超越。他喜歡接近能引導自己成長的人，並且用最腳踏實地的方式去執行，在摩羯座的人眼裡，夢想是未經世事的人才會掛在嘴上的事，實際上的築夢，不能單靠夢想支撐。人生現實的殘酷，他從很年輕的時候就領略到，因此他才會沉潛努力，直到他站上一座山頭的頂峰為止。

　　所以，摩羯座的生命歷程可以用漸入佳境來形容，經過一輩子的學習與努力，到了老年就可以享受努力的成果。和其他土象星座一樣，摩羯座本質上較內向，略帶保守、沒有安全感，還欠缺幽默感，當他裝出高高在上或是嚴厲的姿態時，其實是在掩飾自己內在的自卑，他特別看不起那些一直依賴別人提供援助的人。

愛情緣分～愛情不能沒有麵包，對另一半要求嚴格

摩羯座的壓抑在感情方面特別明顯，即使遇到欣賞的對象，在還沒有把握之前，寧願偽裝，也不願感情氾濫地付出，直到他覺得考量過一切現實因素後，兩個人有長久的可能，才會願意投入。因為愛情和麵包對他而言，是同等重要的。偏偏他對自我的要求很高，對於另一半更是嚴格。天生的成熟世故，讓他的愛情觀偏向保守傳統，他需要能在事業上、人生旅途上一起攜手努力的伴侶、一分確切堅貞的愛情，而不是一時的鮮花或禮物。

職場工作～虛心求教謀求上位，用自己的方式要求下屬

木訥寡言的摩羯座，初進入職場因為還在觀察環境，會虛心向前輩求教，用最有效率的方式掌握訣竅，因此頗能受到上級的認可，而且摩羯座並不會特別局限於哪個工作種類或型態，只要下定決心，沒有他做不到的事情。而且，摩羯座總能發自內心體察到長輩或老闆的需求，再加上極強的工作熱情和嚴格的組織紀律觀念，為自己取得事業上的成就。當摩羯座經過媳婦熬成婆的階段成為主管，會極度看重職場的倫理與不容動搖的地位，也會用要求自己的方式要求下屬，有時會顯得不近人情，或不願意接納創新的提議。

金錢理財～平時辛苦賺錢積蓄，花錢只為一時的爽快

摩羯座承襲了土象星座的優良美德——存錢才有安全感，不過當他的財富與地位累積到一定程度，為了展現出相對的社經地位，他也會大把花錢，否則他會想：工作這麼辛苦不就是為了這一刻嗎？但揮霍一次之後，他又會切換到平日的省錢模式，等到忍耐到一定程度時，又有花錢的衝動。即使如此，摩羯座花錢還是會花在實務的生活中，或是他覺得值得他「投資」的人事物身上，在投資方面，摩羯座屬於非常穩健的投資者，不會被時局的波動所牽連。

1月20日～2月18日
Aquarius
水瓶座

名人：英國生物學家達爾文、發明大王愛迪生、音樂神童莫札特、美國前總統林肯

性格診斷～聰明有創意，自視甚高而離經叛道

因為水瓶座的守護星為象徵著革新、顛覆、創意的天王星，所以常被稱為「天才星座」或「未來星座」。因此，水瓶座的人通常具有前瞻性、獨創性、聰慧、富理性，善於啟發他人，也比常人更喜歡追求新的事物及生活方式。

如果與其溝通，你會發現他的思緒永遠走在時代的尖端，即使顯得鶴立雞群、驚世駭俗，和周圍的見解格格不入，他依然不會屈從多數人的意見，而是堅持自己的信念，盡情地享受孤獨的自由。常能在既有的社會主流下，走出一條屬於自己的路。

此外，水瓶座的人也很重視邏輯推演能力，他擅長客觀、冷靜的思考，再加上辯才與人緣俱佳，同時忠於自己信念，雖然他的作風很親民，但想法卻是個令人難以捉摸的星座。

某個程度上，他就像是流浪的皇族，身上帶著對於人民的使命感，厭惡社會階級觀念，主張人人平等、無分貴賤貧富，不但尊重每個人的自由，也樂於助人、熱愛生命，是個典型的理想主義和人道主義者。

不過，看似聰明的水瓶座，有時因過於執著自己的理念，而會作出一些悖離世俗的行為，我行我素的作風讓他顯得過於激進，但這就是成就大業的一體兩面，如果是真的站在人道的立場無私捍衛者，多能千古留名，若只是為了標新立異，依舊會被世俗浪潮當成一般的異端分子所吞沒。

愛情緣分～不折不扣的理想主義者，碰上愛情就變人性化

水瓶座面對人生雖然是個不折不扣的理想主義者，一旦碰上愛情，他就會變得非常人性化。因為他了解人性變幻莫測的本質，但他不會使詭計、耍心機，在交往前，一定會將自己的感情觀告訴對方；如果心已不在，也選擇坦白以對。面對感情，他需要的是沒有壓力的空間，縱使大部分的時候他根本不在乎別人的眼光，但他就是無法忍受緊迫盯人和占有欲，若即若離的相處模式才是他理想的步調，因為愛情從來就不是他生命中的主軸，只是某個階段遇到相知相惜的人生伴侶。

職場工作～替公司開創大業的奇才，易因理念不合而破局

腦海中充滿著新奇念頭的水瓶座，富有極強的開創力。如果全權授權，讓他能隨心所欲地思考、決定，那他也會表現出相對的卓越才能。在需要計畫或決策時，水瓶座的大腦就像一台電腦般會一路飆升轉速，並能觸類旁通地找到最有效率的方案，平時也懂得適時協助同事解決難題，聲勢自然水漲船高。若身為主管，水瓶座的管理很人性化，會給屬下學習空間以及發展舞台。如為員工，他的想法雖然很前衛，但有時會無視於當下的主觀情況而一意孤行，或是遇到理念不合的主管，就萌生退意，而失去自己大好的前程。

金錢理財～賺錢一把罩，隨心所欲的消費習慣卻拖垮財務

水瓶座如果對於自己的財務沒有好好的規畫，很容易導致收支情況大好大壞。其實他的理財觀很阿Q，也很活在當下，認為銀行有多少錢，就過什麼樣的日子，只要手頭餘裕，請客吃飯更是稀鬆平常；就算銀根吃緊，那也沒什麼大不了，褲帶勒緊一點也是可以過，這種太理想化的理財方式，若是遇到各種人生的風險，情況就會變得很堪慮。此外，如果有朋友向水瓶座開口借錢，他一定二話不說就拔刀相助，對於財務，還是務實一點比較有保障。

047

Pisces
雙魚座
2月19日～3月20日

♠ **名人**：蘋果創辦人賈伯斯、現代物理學之父愛因斯坦、義大利藝術家米開朗基羅、法國大文豪維克多‧雨果

🐻 性格診斷～樂於為人犧牲奉獻，在現實與夢想中難以取捨

童話故事中，最後總是公主與王子擁有幸福快樂的結局，雙魚座自小就做著這樣一個虛幻而美麗的夢，有些人還一輩子都沉迷在這個夢中不願醒來。

他眼中的世界總有些失真，為了讓事情更圓滿，甚至會以曖昧和含糊來修飾事實，以至於常給人不可靠的印象，對他而言，維持內心那個夢想世界的完整才是最重要的，他最受不了水電費的帳單和每日重複的例行公事。

雙魚座的守護神海王星具有犧牲、奉獻的意味，所以雙魚座總是奮不顧身的幫助、拯救他眼中的犧牲者，諷刺的是，有時這也讓他自己成為犧牲者，因為他不切實際的思考邏輯，總是讓自己身陷險境而不自知。

雙魚座是十二星座中最多情的一個，因其敏銳的感性、知性，造就了許多無與倫比的藝術天才。他的多愁善感也讓他在情緒方面的起伏非常大，再加上雙魚座本身缺乏自信、神經質、自制力不強、又善變的特質，讓代表星座象徵的兩隻魚——意味著現實與夢想各自往相反的方向游，他也因此被拉扯、矛盾、猶豫不決。

雙魚座最大的困擾在於現實生活與內心世界的差距，無邊無際的想像力雖然讓他的夢想自由，卻禁不起與現實的抵觸，如果選擇了創作工作為職業，那麼他愛幻想的天性就可以得到合理的紓解與發揮，甚至會有超凡的成績。

愛情緣分～嚮往柏拉圖的愛情，但若感空虛則會移情別戀

雙魚座的天性浪漫、愛作夢，並且害怕寂寞和被人忽略。所以他很容易墜入愛河中，他也喜歡把愛情融入自創的夢幻格局裡，沉溺其中不可自拔。理想上，雙魚座希望找到王子或公主型人物，對方會不時表達愛意或獻殷勤。雙魚座易感的神經，其實很害怕自己得不到情感的回饋，一旦談到婚姻，他現實的一面就會跑出來，畢竟如果沒有現實作基礎，他就無法維持自己理想中的愛情。如果分隔兩地，他的專情將變成濫情，很容易被人奪走他的心。

職場工作～雖有創意，太倚賴感覺而忽視務實

雙魚座工作的投入與否，完全取決於這個工作是否能滿足他的理想目標。如果這個工作讓他有發揮才華的舞台，他會百般投入地努力，不過魚兒都有懶散的毛病，總是難以按時完成上級交代的任務。但如果給他充足的時間，他就能提出最別出心裁的計畫書，還附上精美插圖的簡報說明。基本上，雙魚座的工作品質與他當天的心情狀態有很大的關係，比較需要注意的是，明明自己的事情就做不完了，有時又愛自願接下別人的爛攤子，這種缺乏現實感的態度，就是他老是追著時間跑的原因。

金錢理財～花錢跟著感覺走，等到口袋空空才撙節度日

跟著感覺走的雙魚座，其消費方式的兩極化，常讓旁人摸不透。有時，他很難抗拒花錢的誘惑，甚至完全無視早已見底的月薪；有時，為了不花錢，又逼自己足不出戶。總之，雙魚座對財務有概念的人還真的不多，所幸他的才華總能為其賺進頗豐的收入。但通常錢才剛進口袋，他一遇到看似很漂亮或很好用的東西，就下手購入，導致家中常常堆著一些被遺忘卻也不見得實用的東西。建議雙魚座對於開支要有定額，別買負擔不起的東西。

從星座組合看他是敵還是友！

白羊 ✕ 白羊 （契合度 👍👍👍）

　　當白羊遇上白羊，因為個性的相似，所以一開始會很合拍，相處起來沒有任何壓力，不過因為兩個人都有三分鐘熱度的毛病，如果發展成情人，就要注重新鮮感，才能維持彼此的吸引力；因兩者都屬於直來直往的脾氣，所以意見不合時也會有話直說、互不相讓，如果感情基礎不穩固，又不懂得溝通協調，很容易在情緒衝動下憤而將分手掛在嘴邊。

　　在職場上，白羊與白羊的組合，會激起彼此的競爭意識，如果為主管與員工的關係，白羊員工要注意沉得住氣，千萬不要功高震主，最好能將自己的工作成果歸功於主管，取得信任後，才有望被提拔。白羊的主管也不要過度盛氣凌人，好好利用很會衝業績的白羊座，給予適時的稱讚，並微婉地提醒其思慮不周之處，只要一方能夠比較冷靜地掌控大局，那麼就能成為雙贏的組合。

白羊 ✕ 金牛 （契合度 👍👍）

　　在感情世界中，當一個急驚風的白羊座遇到一個慢郎中的金牛座，勢必會增加相處時的困難度。白羊座會覺得金牛座總是慢條斯理，在現實生活中卻非常倚重他的精明；金牛座會覺得白羊座做事總是太過理想化、不切實際，卻又欣賞白羊的單純真誠。當彼此一起生活又遇到思想上的分歧點時，截然不同的決策模式就成為感情中的未爆彈。當白羊座希望金牛座能以他的決定為決定，卻踩到金牛座對現實不安感的地雷時，彼此很難形成共識，可以說價值觀的不同，決定了兩人緣分的深淺。

在職場上，兩者的互補特質可以獲得比較好的發揮，白羊座扮演開拓的角色，金牛座扮演守成的角色，就能為公司創造出一片光明的前途。此外，金牛座的員工如感到主管的決策不妥，可以私底下向主管提出更符合現實的建議，但不要干涉他最後的決策，就有機會成為白羊主管可信任的智囊團。如是金牛主管、白羊員工的組合，可充分授權讓白羊座去打天下，在業績獎金方面別太錙銖必較，該給多少就給多少，白羊座的忠誠度及回饋決不會讓他失望。

🐑 白羊 ❌ 👯 雙子 （契合度 👍 👍 👍）

白羊座與雙子座的感情組合，就像兩小無猜般，雙子座的多變讓彼此的情感常保新鮮，白羊座的純真會讓雙子座感到安心，如果是朋友，會有聊不完的話題，也往往從朋友成為情人的機率比較高。不過，一旦成為戀人的組合，白羊座反而會開始感到雙子座的難以駕馭，如果給雙子太大壓力他反而會轉身就跑，而不善於思考複雜事情的白羊座就會猜得很累，心生不如求去之感。如果有心走下去，白羊座要有一定的人格魅力讓雙子迷戀，否則兩個對愛不持久的星座，做朋友會比做情人更適合。

在工作上，兩個看似很有生意頭腦的人，如能各自發揮所長、一同全心投入，通常可以開創出許多走在時代前端的產業或商業契機，但這兩人通常做完這個又想做別的，一直在尋找契機，卻沒有人把心思花在如何讓既有事業穩紮穩打，以致合作成果只是曇花一現，如能更重視現實的基礎、如何執行落實，這個組合有機會成就非凡。

白羊 ✕ 巨蟹 （ 契合度 👍👍 ）

同為液態星座組合的白羊與巨蟹，看重的人生面向卻全然不同。白羊座重視自我的人生價值是否能夠獲得彰顯，巨蟹座卻以家庭、照顧另一半為生活的重心。兩相結合後，會因人生觀的不同而產生格格不入卻又難以化解的摩擦。白羊座喜愛熱鬧、巨蟹座崇尚安穩，最終只是讓都很情緒化的兩個人再也難以忍受下去，確實是相愛容易相處難的組合。

在工作領域上，如能將白羊座和巨蟹座擺在各自擅長的舞台，則可以成為協助公司快速發展的一種合作力量。不過在溝通事務時，白羊座要特別注意自己無意的措辭，可能會引發敏感的巨蟹座心生不滿，進而導致檯面下的被動不合作，最好互相尊重彼此的專業，將權責區分清楚，就能各得其所，各有所獲。

白羊 ✕ 獅子 （ 契合度 👍👍👍👍 ）

在情場上，兩個火象星座的組合，讓白羊與獅子的戀愛轟轟烈烈，當這兩人投入愛河，很難不放閃，羨煞旁人！雖然白羊座也很亮眼，但帶有王者性格的獅子座，反而會成為他崇拜的偶像，而獅子座也樂於接受這種褒獎式的推崇。遇到意見分歧時，白羊座別忘了私下與獅子座溝通，只要互相尊重，兩人的甜蜜熱度可長可久。

在職場上，白羊座通常很喜歡衝鋒陷陣，所以當獅子座是主管時，白羊座會是他的一員悍將；如果白羊座是上司，獅子座下屬也會按照白羊座喜愛衝第一的方式去做事，因此白羊座也會覺得獅子座的下屬說到做到。這組搭配屬於直來直往的好搭檔——不喜歡對話，但是能夠以任務目標為導向去激發彼此做事的熱情。就怕獅子座上司有很多派頭和排場要擺，這點常讓白羊座下屬受不了。

白羊 ✕ 處女 （契合度 👍👍👍）

　　看起來性格上南轅北轍的白羊座與處女座，其實存在著曖昧的
吸引力。一方面，處女座的保守與含蓄讓與平時大喇喇的白羊座，
特別有一種想要突破其圍籬的衝動；而白羊座直接又單純的個性，
也讓平時律己甚嚴的處女座，感到和他相處起來居然出乎意料之外
的放鬆自在。不過，兩人天生的差異，例如，白羊座難解處女座的
難搞，處女座也難以相信白羊座居然可以行事前不必多加深思熟
慮，如果能夠互補彼此的不足，其實是蠻有緣分的組合。

　　在職場上，兩者之間的契合度就會減半。白羊座主管常希望員工
更有執行力，雖然處女座做事很讓人放心，但做一件事情往往要瞻前
顧後、一直請示小細節，讓他有時會失去耐性；而處女座的主管雖然
很欣賞白羊座的單純與忠心，但做事時欠缺思慮的白羊座，執行起來
總百密有一疏，讓他老是要替白羊座解決問題，而傷透腦筋。

白羊 ✕ 天秤 （契合度 👍👍👍👍）

　　這兩個星座的緣分很深厚，值得好好花心力經營。雖然兩個人
的性格差異頗大，但本質上其實都很在乎別人對他的看法，若是愛
上一個人，更會把照顧對方當成自己的責任。通常當天秤座還在猶
豫不決時，白羊座就已經果斷地下決定了，讓天秤座不必為決策煩
惱；當性格火爆的白羊座在發脾氣的時候，高ＥＱ的天秤座正好懂
得如何安撫他，這種絕配的組合，在人前人後都讓人稱羨！

　　在職場上，白羊座和天秤座反而比較容易產生衝突。因為兩者
做事的步調不一致，白羊座常嫌天秤座考慮太慢，天秤座則認為白
羊座想法太直觀，不懂得面面俱到。如果白羊座為主管，雖然會欣
賞天秤座的圓融，卻希望他在顧及人緣的同時，也能多放些熱情在
工作上；如果天秤座為主管，雖會欣賞白羊的行動力，但有時也認
為他太急躁而欠缺考慮，兩人共事會出現步調不一致的問題。

白羊 ✕ 天蠍 （契合度 👍👍👍）

天蠍座的吸引力是神祕的，而白羊座的吸引力則是外放的，當兩個人相遇，在強大的吸引力之下，自然難以抗拒，可說是冰與火的結合。不過，一旦交往之後，兩個人的個性反而容易成為引爆爭吵的話題，白羊座會怪天蠍座總是陰陽怪氣，不坦白自己真正的想法，很難溝通；而單純的白羊座，也幾乎完全在老練的天蠍座掌控中，逃不出他的手掌心。一旦白羊喜新厭舊的老毛病犯了，踩到天蠍座最不能容忍的背叛痛腳，即使分開也會是不歡而散。

在職場上，他們都受到火星的影響，如果這兩個人聯手作戰，在團隊裡白羊座是前鋒，天蠍座跟在後面邊戰鬥邊佈局，他們會成為衝鋒陷陣時最好的盟友。如果白羊座為主管，而天蠍座只要認定這個人值得跟隨，就會一心跟著白羊座，並出謀畫策。如果天蠍座身為主管，則會欣賞白羊座的衝勁，但對於他的處事成效就不一定認同。

白羊 ✕ 射手 （契合度 👍👍👍👍）

因為兩人皆有坦率的性格，所以常由一見如故衍生為一見鍾情的愛火，通常這兩個星座不但是最好的戰友，也是能互相欣賞的情人組合，除了對感情有相同的熱情外，兩個人之間對彼此的了解和信任，不但能讓感情加溫，還能因此成為對方最大的心靈支柱，只要射手座持續給白羊座對愛的新鮮感，白羊座給射手座多一點自由，這種興趣相投的組合，能讓彼此的情趣延續長久。

在職場上，射手座與白羊座可以成為一起愛說笑的哥倆好，於公事上，射手座的員工會很投白羊座主管的緣，因為他的想法樂觀、積極，還常逗得白羊座心花怒放；如果是射手座主管，則不一定會提拔白羊座的員工，而會將他擺在某一個合適的位置，因為相較靈性的射手而言，白羊座的少根筋還是頗令人擔憂的。

白羊 ✕ 摩羯 （契合度 👍👍）

在感情上，這是一個完全不搭的組合，即使會相互欣賞彼此在其領域的開拓性性格，卻也無法忽視彼此在先天性格上的差異。重點是，這兩個星座其實都不善溝通，所以認識越久，反而會越來越疏遠，或讓摩羯座牢騷滿腹，也讓白羊座越來越不爽，在極大壓力的相處下，最後就會覺得既然兩人在一起這麼勞心勞力又得不到理解，乾脆還是分道揚鑣。

在職場上，則會產生不同的化學變化。因為白羊座善於執行，摩羯座擅於務實計畫與管理，兩相合作之下，白羊座反而更會倚賴摩羯座的意見與想法，即使心裡有時候不見得認同理解摩羯座的現實思維。而摩羯座也會欣賞白羊座的積極，不過，由於彼此在對事物的認知上分歧過大，如果無法整合彼此合作的優勢，會淪於道不同不相為謀的結局。

白羊 ✕ 水瓶 （契合度 👍👍👍）

白羊座與水瓶座這兩個有樂共享、有難同當的組合，基於對彼此的信任，很快就有機會從朋友晉升情人。雖然白羊座不見得真正能理解想法深遠的水瓶座，卻會全心地信任這個人，而水瓶座是一個只和認同他的人深交的人，對於白羊座如此誠心單純的支持，在這個令他感到孤寂的世界，會感到宛若一絲暖陽。而且對於水瓶座而言，能成為知己，才有機會成為情人。不過兩人的變動性大是導致感情生變的原因，平時還是要有一定的經營才可以。

在職場上，水瓶座與白羊座有機會因為偶然理念的相合，成為公事上的知交。不過，水瓶座畢竟還是比較聰敏，懂得如何利用單純的白羊座替他做事，而白羊座也會自然而然地認同水瓶座的做法。如果白羊座是主管，雖然覺得水瓶座那種吊兒郎當的行事作風很不以為然，但在關鍵的時刻，還是會很倚重水瓶座的才能。

白羊 ✕ 雙魚 （ 契合度 👍👍 ）

白羊座的熱度再配上雙魚座的浪漫，本質上，這是個會相互照顧的組合。雙魚座會受到白羊座的果敢而吸引；雙魚座總為人著想的體貼性格，也會引起白羊座想保護他的欲望。即使如此，這兩個星座的接近，並不是因為相互理解，純粹是憑感覺就自然而然走在一起。不過，如果面對現實環境時，即使這兩個人能為彼此取暖，卻不見得真的能為對方解決實質上的問題，如果要走下去，還需要彼此對這分感情的專注與堅定才行。

在職場上，雙魚座的敏感與白羊座的直言不諱，會造成心結。如果白羊座不稍加注意，常常會直搗核心地傷到雙魚座的痛處，如果這時的雙魚座是處於主管的位置，可能會寧願相信白羊座並不了解他的用心之處，而在心理上產生隔閡；如果白羊座身為主管，會對雙魚座的猶豫不決和沒時間觀念傷透腦筋，因為白羊座最重視的就是速度，雙魚座憑感覺的行事作風，即使再有能力，也未必能說服的了白羊去重用他。

金牛 ✕ 金牛 （ 契合度 👍👍👍 ）

金牛座的組合猶如兩個石頭硬碰硬，如果在執著之處不同調的話，最後可能會變成互不搭理。因為彼此都有自己固著已久的中心思想，雖然金牛座的性情很溫和，但不讓步的地方就是說盡好話也沒用。最好的方式是能就彼此的利基之處合作，因為金牛座都是精打細算的，如果和對方在一起除了很有安全感之外，還能一起存錢、一起享樂，在人生的實質層面能一起履行計畫，倒也是個務實的情感組合。

在職場上，如要和諧相處，必須確保兩人都可以提供對方想要的「獲利」。因為金牛座的老闆只重「實利」，如果金牛座的員工能夠為其牟利，老闆也願意付出比較好的 **Pay**，這時金牛座的職員

當然願意「為錢賣命」。如果主管覺得金牛座的員工常常叫也叫不動，只做自己分內工作的情況下，就只會付給他應有的酬勞，資歷漸增之下，金牛座的員工也會覺得老闆有些苛刻，其實老闆只是注重員工實際的貢獻而已。

🐂 金牛 ✕ 👥 雙子 （契合度 👍👍）

金牛與雙子組合其實蠻特別的，一般而言，只要雙子座不要踩到金牛座的底線，兩個人都可以和諧相處，甚至金牛座還會照顧雙子座。而妙語如珠的雙子座也可以引發金牛座的隱性幽默。而且容易神經焦慮的雙子座，遇到不動如山的金牛，反而很有安全感；而占有欲很強的金牛座，如無法對雙子座的玩心釋懷，老是要追根究柢的話，愛自由的雙子座也會逃之夭夭；如果金牛座能成為他背後的倚靠，等他玩累了還是會飛回來的。

在職場上，當跳躍性思考的雙子座主管需要金牛座員工馬上提出企畫時，慢工出細活的金牛座常常跟不上主管的時間表，而感到很疲憊。不過日子一久，雙子座如能體會到金牛座的可靠之處，也會對其產生信任感。如果是金牛座的主管遇到雙子座員工，不論雙子座如何能言善道，金牛座主管看的是他創造業績的「實力」，如果工作做不好，只會說得天花亂墜，他也難以信任雙子座。

🐂 金牛 ✕ 🦀 巨蟹 （契合度 👍👍👍）

由於金牛座與巨蟹座都是追求安定感的星座，如果一旦交往，就可以穩定地向人生下一個階段邁進。重點是，當巨蟹座的情緒又開始陰晴不定時，金牛座會以不變應萬變地安撫他，讓巨蟹座感到很安心。不過，兩個星座仍舊有「硬」的一面，只要不要硬碰硬，有一方的姿態比較軟，通常都能打動另一方的心，而且他們很習慣和同一個人相處，根本不喜歡換來換去。

在職場上，兩人的工作性格很相近，都是屬於默默地努力耕耘的類型，但如遇到彼此堅持的點，可是誰也不願讓誰，而且當巨蟹座在情緒化的時候，金牛座說什麼他也聽不進去，兩者原先的好默契，會因爭執不下而兩敗俱傷。

金牛 ✕ 獅子 （契合度 👍👍）

金牛座與獅子座的組合可以讓他們一同追求物質上的成就，進而達到提升社會上的地位。獅子座會用實質的方式照顧金牛座，而金牛座也不會亂花錢，會替獅子座守住努力的成果。不過，這兩個星座的字典裡都沒有妥協這兩個字，一旦意見相左，獅子座會大發雷霆，金牛座會在心裡鬥氣，長期下來，如在彼此的價值觀上無法達成共識，反而會覺得對方讓自己在感情中處處受限，超過一定壓力測試下，感情也都消耗光了。

在職場上，金牛座和獅子座有可能因為價值觀分歧，而成為彼此壓力的來源。獅子座主管喜歡聽一些褒獎式的讚賞，偏偏金牛座只會說不中聽的老實話，雖讓人能信服，但就是不太討喜；金牛座的主管，會善用獅子座的才華，但如果獅子座因此自視甚高而氣勢逼人，金牛座也完全不吃他這一套，獅子座會覺得踢到鐵板一樣很沒戲。

金牛 ✕ 處女 （契合度 👍👍👍👍）

因為金牛座要求安全感的性格，而情感專注內斂的處女座正好就是他理想的天菜。一方面，因為細膩的處女座可以幫遲鈍的金牛座打理許多事情；而金牛座也會用實質的回饋來照顧總為他勞心勞力的處女座，兩人自然是愛情長跑的善緣組。

在職場上，金牛座跟處女座無論在工作目標、工作態度甚至是

處理問題的方法，原則上都有很強的認同感。而金牛座行事必定追求質感的標準，正好符合處女座主管的細緻要求；金牛座的主管，對於處女座負責任與值得信任的工作品質也深表認同，兩者皆可成為彼此最佳的事業夥伴。

🐮 金牛 ✕ 👧 天秤 （契合度 👍 👍 👍）

天秤座的溫文有禮與對美感的品味，在在都吸引著金牛座；而金牛座在感情走到某階段時，一定會有「實際的浪漫承諾」，也讓天秤座感到窩心。不過，如果金牛座在該浪漫時太過小氣，或金牛座覺得天秤座太過虛榮，就會引起彼此的反感，兩者易因共同欣賞美好的事物或生活品味相近而結合，卻因實際價值觀的差異而讓感情日漸冷淡。

在職場上，重視品味的兩人，反而可以成為聊得來的同事，若金牛座為主管，雖能與天秤座維持良好的做事默契，但若是天秤座太懶散，金牛座在主管的分際下，還是會做出明確的「提醒」；如天秤座為主管，則很看重金牛座的實際能力，會將他擺在適合的位置上善用其專業，但也不指望金牛座能多分擔其他領域的工作。

🐮 金牛 ✕ 🐸 天蠍 （契合度 👍 👍）

金牛座安定人心的吸引力與不仰賴他人的獨立自主性，很吸引天蠍座，而天蠍座的吸金功力更是讓金牛座覺得有保障，如果兩者能給予彼此決策空間的尊重，就可以相安無事地走下去，成為一對搶錢夫妻；而老謀深算的天蠍座有時會讓金牛座摸不清頭緒，或甚至感到害怕與恐懼，當兩人的信任感一旦被破壞，同樣在意安全感的兩人就很難繼續下去。

在職場上，天蠍座的主管會善用金牛座的務實、耕耘的能力，並且也會給予一定實質的回饋，以薪資福利留住金牛座的忠誠度；金牛座的主管，則會重視天蠍座的策畫與洞見，不過實質上，心中還是會對彼此保留一定的安全距離，無法交心。

金牛 ✕ 射手 （契合度 👍👍👍）

這樣的感情組合中，金牛座是屬於比較沒自信的一方，卻深深受到射手座開朗性格的吸引，射手座必須不斷地肯定金牛座，或是持續給他熱度，才能讓金牛座安心，反而能讓金牛座展露出不為人知的風趣一面。如果金牛座無法對射手座放心，不安全感太重，生性自由的射手也會被金牛座的占有欲給嚇跑。

在工作上，射手座不按牌理出牌的要求，常令金牛座不知如何反應及處理，甚至將射手座視為頭痛人物，不過因為射手座本質上就很大而化之，金牛座也很溫順，如果工作上沒有利害關係，還能和睦共處。如果牽涉到事情的進度，金牛座的慢動作，會讓射手座為之氣結，但能理解金牛座是基於對工作品質的堅持，如果很需要機靈反應或很趕的東西，只好請別的同事處理。

金牛 ✕ 摩羯 （契合度 👍👍👍👍）

在人生的開疆闢土上，這兩個人實在太相像了，就算有不同的地方也絕對可以擷長補短，沒什麼好勾心鬥角的，算得上既是情人又能成為盟友的組合。有金牛座的踏實努力加上摩羯座的精明策畫，通常都能一同達成各種人生目標，如為戀人因為務實的價值觀，會覺得既然都將青春投資在彼此身上了，一定要一同回收獲利才行，哪有分開的理由！

在職場上，兩者是能順利達成工作目標的組合，如果摩羯座為主管，金牛座只要遵照著摩羯座的計畫確實執行，每天工作都會很順利，摩羯座也不會虧待你；如果金牛座為主管，也會借重摩羯座的長才，只要把事情交給他，就會覺得很放心。但前提是，摩羯座與金牛座都是非常重視利益的人，彼此要有互利的基礎合作，就能打片天下無敵手。

🐂 金牛 ✕ 🐏 水瓶 （契合度 👍👍）

金牛座與水瓶座之間的差異，猶如地表到宇宙那麼遙遠，對於水瓶座的我行我素兼不切實際，金牛座完全不能接受；水瓶座也對金牛座凡事都要算得清清楚楚，才願意全心付出，感到很不以為然。基本上，就像地球人遇到外星人一樣，天生的性格和溝通的方式完全不搭，就算勉強在一起，也只是讓彼此的痛苦指數更高而已。

在職場上，水瓶座主管會採取相信員工的放任式管理，只要金牛座安分守己就能達成主管的期望；若是金牛座以為有空間可偷懶就混水摸魚，水瓶座也會看在眼裡，在組織變革時藉機把他降級；金牛座的主管則不太能認同水瓶座號稱創意又有效率的處事作風，對他而言，做事就是要按部就班地執行，那種一步登天的方法他聽不懂更不會支持。

🐂 金牛 ✕ 🐕 雙魚 （契合度 👍👍👍）

金牛座與雙魚座算是心有靈犀的一對，成為戀人後，謹慎的金牛座會自然地照顧老是神游太虛的雙魚座，雙魚座也會以溫柔體貼的個性回饋金牛座，兩人可以很甜蜜。但如果雙魚座濫情曖昧的交友態度惹惱了金牛座，光針對這點，金牛座就有發不完的牢騷，但雙魚座如果一撒嬌，金牛座的態度就會軟化，兩人又相安無事了。

在職場上，金牛座應該向雙魚同事學習「借力使力」的技巧，由於雙魚座的哲思靈敏，對於創意性的工作而言，雙魚座會是金牛座很好的靈感啟迪者。只是雙魚座在危機時刻容易見風轉舵，讓他們不適合作為值得信任的盟友。

雙子 ✕ 雙子 （契合度 👍👍👍）

兩個雙子座在一起要不是天天勾心鬥角，看誰騙過了誰，不然就是絕對信任彼此的盟友。如果能夠好好經營感情，多做些溝通，達成共識，每天的生活將興味盎然，不過如果一開始時沒有「認真」的話，大家玩玩也就算了，不用抱什麼期望。

在職場上，雙子座喜歡比較，所以如果他們是上司跟下屬關係就還好，這種愛比較的心理模式和行事風格會因為彼此的身分而被抑制。雙子座的下屬很沒定性，他通常會因為一些別的事情影響而難以完成主管委任的事物，這時，工作的能力就會受到雙子主管質疑。

雙子 ✕ 巨蟹 （契合度 👍👍👍）

遇到巨蟹座的雙子座比較辛苦，因為雙子座實在一點也不了解巨蟹座老是在憂鬱什麼，所以只好一直說一些有趣的事情或情話，轉移巨蟹座的注意力，而雙子座對巨蟹座而言，就像小孩一樣需要被包容，盡管他說話常常有兩相矛盾之處，或是決定的事又變卦，但巨蟹座如果愛一個人，就會有非常大的包容度，被巨蟹座疼愛的雙子座其實很幸福。

在職場上，這組搭配放在職場上很不錯，尤其當他們是同事關係的時候，巨蟹座很認真，雙子座很靈活，是很好的搭配。大部分的巨蟹座在工作時都表現得很敏銳，能夠很清楚主管要的是什麼，再搭配上雙子座的行銷長才，可以讓公司的產品銷售亮眼。如果雙

子座為主管，變幻莫測的想法會讓巨蟹座有點難遵循，讓本來就拘謹的巨蟹座，反而更難放開手腳做事；如果巨蟹座為主管，對於鬼靈精怪的雙子座雖欣賞，卻有點管不住他，建議還是要有主管的威嚴更好帶人。

雙子 ✖ 獅子 （契合度 👍👍👍）

見人說人話、見鬼說鬼話的雙子座遇到獅子座，可說是正中下懷。因為獅子太喜歡聽包著糖衣的甜言蜜語，雖然明明知道對於雙子座的言談要打折扣，但還是喜歡和他拌嘴聊天；獅子座的權威則會把雙子座吃得死死的，讓他除了只敢耍嘴皮子之外，絕對不敢有二心，兩者就像寵妃與國王的組合，既充滿戀情的火花，又帶有唯美權威式的愛情。

在職場上，雙子座與獅子座的才華應隸屬不同部門，通常如為異性，會比同性之間欣賞的程度高。雖然兩者都有玩心不減的特質，但獅子座在工作上的專注度可比雙子座高多了，如果遇到雙子座的員工，總是喜歡在部門間串八卦，卻不把心思放在工作上，很難令獅子座重用；如果雙子座為主管，日積月累下，獅子座的霸氣與光芒甚至會凌駕於雙子座，只要給獅子座專業揮灑的舞台與晉升的空間，不要和他稱兄道弟就好了。

雙子 ✖ 處女 （契合度 👍👍）

雙子與處女的組合就是話不投機半句多，雖然雙子座善於賣弄嘴皮子，但偏偏處女座就不吃這一套，要講文學造詣、咬文嚼字，他根本不輸給雙子座；而處女座擅長分析，所以常常能聽出雙子座言語間的漏洞。此外，處女座非常有精神潔癖，一個人如果被他貼上不老實的標籤，要他這輩子相信你簡直是比登天還難，既然處女座不懂得雙子座的肉麻當有趣，兩人還是另覓新歡會更好。

在職場上，處女座也不見得太認同雙子座老是隨口承諾的習性，認為做得到再說、做不到的事說了也沒用。如果雙子座為主管，處女座會很在意他是否有履行對自己或對客戶的承諾，畢竟處女座把個人的誠信當成一個招牌，怎能被他人破壞，就算是主管也一樣；如果處女座為主管，雙子座的皮最好繃緊一點，把分內的事確實做好，要是有一點欺下瞞上之嫌，就算是無心的，在這家公司也難以再翻身了。

雙子 ✕ 天秤 （契合度 👍👍👍👍）

一向在唇槍舌劍中生存的雙子座，遇到了天性優雅和平的天秤座，善於溝通的兩人常能一見如故，甚至無話不談，再加上天秤座閃亮的外型，讓雙子座覺得似乎遇到最懂他的夢中情人，自然就跌進愛河裡。而天秤座也很欣賞雙子座總會變些浪漫的驚喜，這兩人的緣分，似乎是天注定的事情。

在職場上，兩者是屬於很聊得來的同事，最適合一起在搞創意行銷的部門任職。不過如果兩人在中規中矩的行業裡共事，彼此的缺點較會顯露無疑，因為這兩人都是屬於很有想法的，但若沒有人去執行，就會流於紙上談兵，打嘴砲卻沒實績，長久下來，也會被看破手腳，最好能互相激勵，不要一同耽溺於玩樂話題中。

雙子 ✕ 天蠍 （契合度 👍👍👍）

雖然天蠍座已經很神祕，但雙子座偏偏更擅長欲擒故縱的遊戲，剛開始會引起天蠍座的注意力，而天蠍座的距離感也會引起雙子座的好奇心，甚至越接近天蠍座，越被他吸引。善變的雙子座又讓天蠍座覺得難以完全掌控，於是兩人會陷入互相吸引又互相迷戀的愛情遊戲裡，不過一旦距離被戳破，美感也就煙消雲散了。

在職場上，因為雙子座天生喜歡了解和學習新事物，所以常常能給天蠍座提供很多新資訊，而天蠍座的洞見與深入思考的程度恰恰是雙子座最為缺乏的部分，識人甚深的天蠍座當然會善於利用雙子座替他蒐集資訊，這樣他才能真正的掌控全局。

雙子 ✕ 射手 （契合度 👍👍）

這兩人的組合若放在愛情中，比較像在鬥智，談起戀愛來可就累了。雖然兩個星座的戰鬥力是差不多的，但是射手座會稍微高招一些。因為聰明的射手座完全了解雙子座不說實話的習慣，也可以聽出雙子座拐彎抹角的真正語義，讓雙子座覺得遇到剋星，老是被射手座看穿，一點神祕感都沒有，甚至還常常被射手座過人的聰明所震驚。

在職場上，雙子座與射手座其實有點像高手過招，不過言談間，射手座做人做事的高度總是比雙子座高一些，而且射手座可以一眼看穿雙子座說話時前後不一的矛盾之處，而雙子座也認為射手座雖然看似聰明，但他自己還不是對工作沒使盡全力，兩個人容易淪為互揭瘡疤的組合，就算沒交手，也早就彼此不對盤很久了。

雙子 ✕ 摩羯 （契合度 👍👍👍）

雖然在感情市場中，雙子座似乎比摩羯座更吃得開，也彷彿很灑脫，如果覺得摩羯座很有深度，原本想多認識一下，不想繼續拍拍屁股就走了。但雙子座卻不太了解自己這時已掉進摩羯座的掌控陷阱中，一旦被摩羯座吃定了、也照顧得好好的，就算是鬼靈精怪的雙子座，也總有難以脫離的難言之隱。不過感情一旦落入掌控關係，也象徵著這段愛情難有生機，特別是對需要新鮮空氣的雙子座而言。

在職場上，雙子座會覺得摩羯座心機太重，摩羯座又會覺得雙子座小聰明太多。而事實上，摩羯座只是不喜歡過分直接的表達，雙子座的小聰明也是被摩羯座逼的——感覺不在這個城府深的人面前抖點有料的東西就沒有安全感。另外，雙子座的興趣點太廣讓摩羯座看不上眼，他的聒噪也讓摩羯座感到有點頭痛，所以，只要不是萬不得已，這兩個人不會想要靠近對方。

雙子 ✕ 水瓶 （契合度 👍👍👍👍）

在這風象星座中，水瓶座算是比較有定力與主見的，所以雙子座常常會跟隨著水瓶座的步伐。兩人也會自然發展出互相配合的默契，只要不違反雙子座的自由和水瓶座的原則，兩個人就能夠和平共處，即使是感情上出了問題或互相有什麼不滿，都可以心平氣和地尋求解決，算是非常理性能溝通的組合。

在職場上，雙子座和水瓶座的創思力可搭配得天衣無縫，也喜歡在輕鬆的氣氛中進行工作，如果公司有這兩寶，根本不愁沒有行銷創意。不過，在兩人的思考廣度與實際可行程度中，水瓶座還是略勝一籌，所以雙子座會自然而然跑去問水瓶座的意見，而水瓶座也會本著協助同事的角度，幫他解決問題，不過如果在水瓶座的羽翼下工作，雙子座可能失去自我決策的學習機會。

雙子 ✕ 雙魚 （契合度 👍👍）

雙子座和雙魚座都是屬於多情的種子，所以兩個人可能會忽然相互吸引，但畢竟把定性都不高的人放在感情裡，如果又沒有什麼值得留戀的基礎，很快就一拍兩散了，容易淪為浪漫卻短暫的戀情。

在職場上，這兩人會變成雞同鴨講的組合。因為雙子座的思緒轉變得非常快，而雙魚座的思考完全是憑感覺的，所以這兩個人溝通時，常常淪為不著邊際的漫談，也很難有交集。如果敏捷的雙子座為主管，會被雙魚座沒有時間觀念又無厘頭的行事方式失去耐性；如果是雙魚座的主管，也很難壓得住老是在耍小聰明又總有一套說辭的雙子座，為此傷透腦筋。

巨蟹 ✕ 巨蟹 （契合度 👍👍👍）

兩隻巨蟹在一起最好有一方是比較冷靜或成熟的，如果一樣情緒化，那相處起來真的很麻煩。如果想要和巨蟹座相處一定要學會不被對方的情緒干擾，尤其在有一方正歇斯底里的時候更要保持平穩的心態安撫對方，否則互相意氣用事的結果，一直削弱彼此的信任基礎，關係也就無法順利進行了。

在職場上，巨蟹座的人做事自有一套方法，不喜歡別人干涉，卻會有干涉他人的傾向，而且巨蟹座都不太能承受時間的壓力，如果老是被別人盯在屁股後面追債，會讓敏感的巨蟹座員工覺得更憤怒，兩個巨蟹座共事，更容易讓辦公室氣氛搞得陰晴不定。最好的方式是，做好各自分內的事，讓大家都可以早點回家共享天倫，那脾氣就會收斂一些。

巨蟹 ✕ 獅子 （契合度 👍👍👍）

巨蟹座會很尊重獅子座的決定，不過巨蟹座的溫柔順從才是這段關係最重要的維繫點！這個配對是很適合走入婚姻組合家庭的，因為這兩個星座都非常傳統，也都很重視家庭，所以只要兩個人能在一起就會一同規畫日後家庭的藍圖，是非常穩固的配對，適合一起步入婚姻。

　　在職場上，巨蟹座眼裡的獅子座個性愛湊熱鬧，但若隨便允諾別人結果都沒做到，這讓重承諾的巨蟹座很受不了。而獅子座往往也不知道自己那種唯我獨尊的氣質，有可能會傷害到敏感的巨蟹座，如果巨蟹座能試著私底下與獅子座柔性溝通，一個善於主外，一個善於主內，其實也是很好的工作組合，但彼此之間可千萬不能有嫌隙，因為這兩個星座都很小心眼。

巨蟹 ✕ 處女 （契合度 👍👍👍）

　　處女座往往會照顧到巨蟹座想不到的層面，而巨蟹座也會非常信任處女座，長期下來，自然會對處女座產生依賴的習慣，而巨蟹的依賴某個程度上，又讓處女座感到自己的不可或缺性而既憂又喜，巨蟹座只要能夠全心地對待處女座，他就會心懷感謝，就算嘴上不說，也會牢牢地記在心底，會在適當的時候給巨蟹座更多實質的付出。

　　在職場上，巨蟹座和處女座其實還蠻類似的，溫和、細心、踏實、好記性，而且巨蟹座會發現處女座比自己強的最大優點就是凡事都能處理得面面俱到。所以情緒化嚴重的巨蟹座心裡很嚮往具有處女座的優勢，也樂於和他共事。因為處女座比較保守，不喜歡複雜的人事物，所以很少過問他人與工作無關的事情，只希望維持公事公辦的態度，這點跟巨蟹座很像。所以兩個人不管放在什麼位置都蠻合拍的。

巨蟹 ✕ 天秤 （契合度 👍👍）

　　這兩人的相遇，雖然一開始巨蟹座會被天秤座懂得為人著想的一面而吸引，但久了會受不了他對每個人都無差異的親和力；而天秤座原本想倚賴巨蟹座的照顧，但其實希望維持關係平衡的天秤座，又會對自己總是拿人好處這部分心懷芥蒂，這兩人在感情中重

視的價值也截然不同，剛開始可能還不覺得，但是到後來越親近就越不能接受對方的看法，通常是很難長久經營下去的。

在職場上，這兩個星座共事時，會遇到一種難題。就是當兩人觀念歧異，當天秤座和巨蟹座講道理時，如果巨蟹座繼續無理取鬧，天秤座會覺得對方很不可理喻。而天秤座自己龜速的工作效率若是因此影響到巨蟹座下班的時間，巨蟹座也難忍心中怒氣，最好的方式是兩人各做好本分，保持距離，以策安全。

巨蟹 ✖ 天蠍 （契合度 👍👍👍）

因為比起巨蟹座，天蠍座顯得有主見而且主動多了，加上天生的神祕魅力，真是讓嚮往被保護的巨蟹座不得不為之傾倒。而巨蟹座的深情款款與體貼入裡，正是天蠍座要的專情，這真的是一對媲美神仙俠侶的組合。

在職場上，巨蟹座的忠誠與溫情主義能夠比其他人更快爭取到天蠍座的信任，而得到他們全心全意的支持。所以天蠍座同事對於巨蟹座來說，並不是難以相處的人，兩者之間一直都能保持相互信任的狀態，了解並尊重彼此不同的性格，而且願意全力支持對方，彼此在工作或私人領域裡都能成為好夥伴。

巨蟹 ✖ 射手 （契合度 👍👍👍）

初遇時，射手座的樂觀沒心機，給巨蟹座一種希望，但相處後巨蟹座會發覺射手座連根本的安全感都不能給他。對於射手座而言，又忍受不了巨蟹座的粘人。對巨蟹座最重要是家，對射手座來說，家只不過是個睡覺的地方而已，最後往往射手座會什麼都不管，自己出去找其它的樂子，而巨蟹座就自己一人在家傷感鬱悶兩人在感情中要的不同，難以長久維繫。

在職場上，跟熱情開朗、知識豐富的射手座當同事，對巨蟹座來說是喜憂參半，好處是射手座總是用樂觀的心態來面對人與事，一起工作的伙伴也會無形中感染到愉快的心情，讓大家工作效率很高。對於感應力超強的巨蟹座，也會受到鼓舞。壞處是射手座比較隨興，認真的時候是很認真，可是混的時候也很混，根本不在乎什麼進度不進度的，最後拖垮彼此的工作進度，就非巨蟹座所樂見。

巨蟹 ✕ 摩羯 （契合度 👍👍👍👍👍）

這兩個有緣的星座會很快相互吸引，而一旦在一起就會早早規畫未來，因為他們的共同目標就是安定下來成家立業，對於其他有的沒的一概覺得浪費時間！可以說是非常實際的一個星座配對，一旦在一起就會從頭穩定到尾，很可能一路走到紅毯的另一端！但若說情人節要買花慶祝，對他們而言還不如省下來存錢買房子來得意義，就是少了點情趣。

在職場上，基本上摩羯座和巨蟹座是兩個誠實可靠、責任心很強的人，雖然動作慢了點，但絕對追求工作品質。不過摩羯座有時太利益導向，不顧及感情因素的觀點，讓巨蟹座完全接受不了，而摩羯座也會覺得巨蟹座情感上拖泥帶水，公私不分，最好保持安全距離，兩人當當普通的工作同僚就好，私下則不宜深交。

巨蟹 ✕ 水瓶 （契合度 👍👍👍）

在戀情的進程中，看似花心的水瓶座其實往往是被動的，不過一旦確定雙方都有意思之後，水瓶座就會以主導者的姿態進入兩人的關係，而且水瓶座本身的鬼才與人道精神其實都讓巨蟹座很欣賞，就算是缺點巨蟹座也會包容。這一對相處起來比一般朋友還像朋友，只要巨蟹座不要太管水瓶座太緊，兩者還蠻有緣分的。

在職場上，視辦公室規則如無物的水瓶座同事是巨蟹座眼裡的外星人。他會很欽佩分析能力很強、學習精神旺盛的水瓶座，兩人共事還蠻愉快的。因為水瓶座很重視自由的精神，所以彼此都有自己空間發揮所長，巨蟹座也會覺得水瓶座聰明有才又好相處。不過水瓶座的人不喜歡一成不變的事，而且不太能承受工作壓力，所以一旦非做這些事不可，就會變得抱怨連連，有時會讓他的合作夥伴巨蟹座受到誤傷。

巨蟹 ✕ 雙魚 （契合度 👍👍👍👍）

這可是一個超級浪漫的組合。一方面，巨蟹座的全心付出會讓雙魚座非常感動，覺得無以回報，加上雙魚座對務實的巨蟹座日漸變得依賴，這樣一來雙魚就再也跑不掉了，而這個美妙的愛情配對，自然就會走入幸福美滿的結局。

在職場上，個性溫和的雙魚同事是跟巨蟹座好好相處的星座，他很有幽默感，為人大方，不太會拒絕別人，而且包容力很大，能夠接受別人的缺點，也不會試圖要別人遷就自己，這些特徵就好像是為敏感而容易受人影響的巨蟹座量身打造的。此外雙魚同事有時會有點依賴心，又會有點需要別人的敦促和鞭策，這些大大滿足了巨蟹座樂於照顧和掌控他人的心理需求，覺得雙魚座是個需要自己幫助的小孩子，進而更加樂於付出。

獅子 ✕ 獅子 （契合度 👍👍👍）

獅子加獅子基本是王不見王的組合，如果配在一起，兩個人都要爭面子，要爭裡子，要爭權利……控制欲也都很強，表面上兩個人都會維持王者的風度，但是暗地裡那種咬牙切齒的程度絕對是令人難以想像的。要成為情人，確實是難上加難。兩人個性都太強，談戀愛會有重重壓力，不是愛得轟轟烈烈，就會是一對冤家。

在職場上，他們是兩顆太陽，究竟誰當主角呢？這就是個很大的學問。如果兩人能互相讚賞，那就相安無事；如果兩個人都要爭當老大，那就一山難容二虎，會變成互相搶奪對方的資源，最後肯定只能留下一個。獅子座的虛榮恰巧表現在這個地方，其實當他不喜歡某人的張揚表現時，是不喜歡「多一個自己」來搶。

獅子 ✕ 處女 （契合度 👍👍👍）

在這段感情中，處女座因為比獅子座來得聰明、冷靜，甚至得體，獅子座會迷戀他優雅的氣質和聰慧敏感的一面，加上處女座可是最有禮貌的星座，會讓獅子座覺得備受禮遇。偏偏處女座不喜歡別人太驕傲，反而讓獅子座感到棘手，但只要獅子座是真心地對處女座好，他是會銘記在心的。

在職場上，處女座擅長做一些行政方面的規畫，如果獅子座同事可以達成他的目標，通常這個搭配很不錯。而處女座能把獅子座主管交辦的事情處理得很妥貼，所以獅子座會覺得自己欠缺不了處女座這樣的人才；當處女座是上司時，獅子座就會收斂自己的一些個性，因為處女座很會講大道理，甚至可以讓獅子座覺得自己也需要謙虛學習。

獅子 ✕ 天秤 （契合度 👍👍👍）

這個組合就如同明星偶像般的戀情。因為天秤座特別喜歡有特色的人，光是獅子座外型耀眼這一點，就足以贏得天秤座的青睞有加。加上天秤座一向是沒什麼決斷力的，而獅子座剛好是很有決斷力的星座，常擺出一副聽我的準沒錯的自信，很快就會因為替天秤座解決難題而贏得他的心，覺得世上再沒有比獅子座更適合的對象了。

在職場上，因為天秤座善於溝通，獅子座主管會讓他去承擔公關和傳播一類的工作，但同時獅子座又覺得天秤座比較懶惰和驕縱；當天秤座是上司時，因為他的包容性很強，所以獅子座會覺得自己有空間可以施展，但包容歸包容，天秤座會認為獅子座有時候不太懂人情世故。

🦁 獅子 ❌ 🐸 天蠍 （契合度 👍 👍）

當獅子座遇到陰狠的天蠍座，可就英雄無用武之地了！要掌握天蠍座的心最簡單的方式就是展現出自信和魅力，最好能夠在天蠍座有些驚慌時比他還要顯得老練。這樣一來獅子座就占了上風，如果再接再厲，用深情款款打動他們，等天蠍座動心了，他自然就會有一套經營愛情的方式，不會讓獅子座失望的。

在職場上，獅子座認為天蠍座心機重，但是有時他們也需要這樣懂權謀的人，尤其是在危機處理的時候。獅子座很擅長中短期的運籌帷幄，但是他的戰略性並不像天蠍座那麼強，所以獅子座在大戰略上會倚重天蠍座的意見。不過獅子座上司通常不會給天蠍座太大的空間，他會對天蠍座有所提防。當天蠍座是上司時，會覺得獅子座沒大沒小，有時獅子座過於直白地表達自己的意見，會讓天蠍座覺得獅子座不受管束。

🦁 獅子 ❌ 👧 射手 （契合度 👍 👍 👍 👍）

愛好自由是射手的特色，這種魅力讓獅子座想要接近，又害怕沒台階下。一旦獅子座掌握住射手座想要的新鮮感與情趣，就能讓射手座乖乖跑到他身邊。這兩個一樣愛玩又一樣熱情的星座遇在一起冒出的火花可是會燒死人的，加上他們對很多事情都有相同的看法，真是超級速配的組合！

在職場上，射手有理想有目標，雖然平時大喇喇，但是做事情追求品質，所以獅子座會把重要的任務交給射手座。當射手座是主管時，他會覺得獅子座很有管理長才，他會授權把工作內容中管理的部分交給獅子座來處理，自己得閒，獅子座也喜歡管理。就怕兩個人都自我感覺太良好，看不到真正的問題，公司的營運就會出現問題。

獅子 ✕ 摩羯 （契合度 👍👍👍）

基本上，摩羯座是一個很重實際的星座。所以獅子座只要努力成為有出息的人，然後再加上一點專情，就有機會贏得摩羯座的心。但是摩羯座的城府真的遠比獅子座來得深很多，就算在感情上，他的深謀遠慮也是獅子座無法了解的，更別說想要征服他們了。要讓雙方在感情上互相欣賞，是不太容易的事。

在職場上，摩羯座的員工韌性很強，獅子座的主管通常不願意去處理的一些事務型的工作，他就會交給摩羯座去處理。摩羯座當主管時，他會覺得獅子座的才華與氣勢甚至不亞於他，這正是摩羯座主管的禁忌，如果獅子座懂得放低姿態，就能繼續擁有工作的舞台，避免被逼退的命運。

獅子 ✕ 水瓶 （契合度 👍👍👍👍）

這兩個星座中有不少一樣的特質，比如說都很喜歡當頭頭，不過水瓶座比較我行我素一點，而獅子座卻很在乎別人的眼光，光是這一點獅子座就要對水瓶座甘拜下風了！加上水瓶座天生的冷靜和企畫能力，讓不太懂得冷靜為何物的獅子座能夠視為偶像，時時需要水瓶座的意見指點。這是一個能互相欣賞的星座，且足以互補的組合。

在職場上，這對搭配要麼非常互補，要麼就是在工作中會吵個沒完。因為水瓶座是不在意權威的，一開始獅子座會被水瓶座這種跳Tone的性格所吸引。但是工作久了之後，彼此會發現他們的工作方法是南轅北轍。獅子座要求步驟明晰可尋，水瓶座根本連步驟這兩字怎麼寫都不想知道，他只看重最後的結果，所以彼此會看不慣對方的做事方式。

🦁 獅子 ✖ 🐟 雙魚 （契合度 👍👍👍）

就魅力而言，獅子座常常會被雙魚座的溫柔浪漫所吸引，讓獅子座沉醉在他的溫柔之中。雙魚座雖然有點難以捉摸，不過獅子座對他的好他都知道，如果再不時營造一下浪漫氣氛，雙魚座馬上就會被浪漫的氣氛迷惑，獅子座最好讓雙魚座覺得和他在一起很幸福，那速配成功的機會就跑不掉了。

在職場上，雙魚座是唯一能夠讓獅子座放下心防，講自己私人事情的星座。也正是由此，他們兩個容易變得過於像朋友，在工作中，獅子座容易因此縱容雙魚座，導致工作的達成率不高。雙魚座當上司則比較好，雙魚座有時很現實，能夠直指目的，然後讓獅子座去達成。

👩 處女 ✖ 👩 處女 （契合度 👍👍👍）

處女座遇到處女座因為兩人太像了反而少了特別的吸引力，只能互相看看有沒有惺惺相惜的成分，如果有就拿出誠意來吧！對處女座來說，只要有誠意什麼事都好說，但是這個誠意不是嘴巴說說就可以了，要用行動表示，只要你做得出來，處女座就能夠感受到，如果沒有誠意就算做了也沒有什麼用。加上處女座是有點奇怪的星座，太過無聊平淡的愛情他反而沒興趣，會想找一個具有挑戰性的對象，這樣才有戀愛的驚險刺激。

在職場上，若處女座遇到處女座，其實一切都還算簡單，大家都是明眼人，因此做好自己的事情一切都安然無恙。只不過，這個變動宮老闆的雙重性格特質也很明顯，平常一副慈眉善目、微笑以對的表情，若屬下犯低級錯誤時，踩到他們尾巴的怒不可遏也讓人很印象深刻，所以趕緊摸清楚這個主管的罩門，對上下級關係非常重要。

處女 ✕ 天秤 （契合度 👍👍👍）

處女座的龜毛遇到了凡事都願意配合的天秤座，會讓處女座感到很輕鬆愜意，也拉近彼此的距離。但由於這兩個星座的挑剔和猶豫不決的程度是不相上下的，所以兩人在一起時可能會為了某件事苦苦無法下定論，最後很可能因為這種個性鬧翻。

在職場上，處女座員工的細膩，在工作層面上對天秤座主管幫助很大。不過不用為了要和天秤座拉近距離而取悅他，反而會招來反效果，處女座只要踏實地做好分內的事，就足以讓天秤座主管信賴。這兩個人的同事組合，可能一同成就極致完美的企畫案，也可能因為彼此對完美的堅持，難以完成一件事情。

處女 ✕ 天蠍 （契合度 👍👍👍）

天蠍座天生的深沉性格和魅力是處女座所沒有的，這是他們比較吃香的地方，雖然處女座也有含蓄的一面，但是怎麼比得過天蠍座的內斂呢？因此處女座會對天蠍座感到好奇，尤其在對事情的看法上，天蠍座的看法往往比處女座來得更深入些，讓處女座不得不因此甘拜下風，而被深深吸引。

在職場上，天蠍座喜歡隱藏，處女座需要自己處事的空間，所以他們如果一起工作，彼此會很尊重對方，也不會侵犯彼此的領地。此

外，他們在合作上都很重視實力和專業，討厭滿天飛的八卦，這是他們可以合作的主要原因。而他們的不合在於兩者都不擅長妥協，天蠍座看問題比較極端，非黑即白，而處女座看問題很講究自己的道德原則，如果兩個人都堅持己見，恐怕有點難達成共識。

處女 ✕ 射手 （契合度 👍👍）

對射手座來說，處女座一開始所表現出來的氣質會讓他感到迷惑，但是處女座一見到射手座則會有種道不同不相為謀的感慨，所以就算射手座再出色，處女座都不會動心。雖然射手座會有點欣賞處女座安靜的氣質，不過這些等到射手座見識到處女座的龜毛個性後，心中就再也沒有幻想了。

在職場上，當處女座遇到射手座老闆時容易有不太協調的情況，因為處女座會發現射手座「說」的跟「做」的常常不一樣；如果處女座為上司，則無法容忍射手座的粗心大意，射手座則覺得處女座太苛刻，所以很容易彼此看不順眼。

處女 ✕ 摩羯 （契合度 👍👍👍👍）

摩羯座其實是比處女座世故許多的星座，對任何事情的處理和看法都比處女座來得完整，不會像處女座只在意自己的表現是否完美。這是一個非常順利的組合，尤其在對成家立業的看法上是很有共識的，兩個人對家庭生活的想法和看法都非常的相近，讓彼此可以有同樣的目標，一起為家庭打拼。

在職場上，從摩羯座身上，處女座可以學習到相當多的事情，讓天生是好學生的處女座對摩羯座非常的尊敬，也會很重視他的看法，任何事情都會詢問摩羯座的意見。此外，摩羯座如為主管會非常重視權威感，剛好注重職場倫理的處女座可以讓他充分滿足掌控欲。

處女 ✕ 水瓶 （契合度 👍👍👍）

處女座內在性格的矛盾，反而變成了對水瓶座極欲探索的強烈吸引力。不過這個興趣會維持多久呢？那就要看水瓶座對處女座的好奇有多深，才能決定。此外，這是個不太適合現實牽絆的組合，相處久了難免有磨擦，處女座會覺得水瓶座沒責任感，水瓶座會覺得處女座太保守，當初的好到後來可能都變成分手的理由。

在職場上，處女座會希望結交水瓶這類異端，但是水瓶座不太理會處女座，他會覺得處女座太過鑽牛角尖，而且很愛管人，水瓶座很愛自由，所以如果水瓶座是下屬，處女上司一定對他又愛又恨，而水瓶座下屬很難忍受處女座的嘮叨碎碎念；但水瓶座是上司時，情況會好一點，處女座做事紮實，加之他容易仰慕水瓶座上司的決策力，因此工作上的相處還可以。

處女 ✕ 雙魚 （契合度 👍👍👍👍）

最起碼雙魚座可以很清楚了解處女座的想法及對人態度，就算他很挑剔、很麻煩，雙魚座也可以接受得了。而處女座也因為雙魚座天生的溫柔，收斂了很多無謂的嘮叨。當開始的時候，雙魚座用犧牲的想法去接受處女座的愛，處女座用服務的方式去照顧雙魚座，兩人能夠互相尊重關心對方。通常感情出事起因於雙魚座給處女座捉到他去「偷吃」的證據，成為決裂的導火線。

在職場上，雙魚座可以成為處女座性格上最搭配的工作夥伴，因為這個包容性極強的星座對於龜毛的處女座的言辭通常比其他人來得鈍感得多。加上雙魚座的思維創造力強，對於需要創意的行業來說剛好彌補了處女座的局限性，因此這兩個星座的人在一起通常都能相處愉快。不過，處女座若用批判現實的態度跟雙魚溝通，對他無疑是致命的打擊。

天秤 ✕ 天秤 （契合度 👍👍👍）

因為天秤座是天生喜歡配合別人的星座，如果兩個人都打算配合對方的話，那到底誰要配合誰呢？真是讓人頗為傷腦筋！而且天秤座天生就有點懶散，兩個人如果一起發作，那生活上面臨的問題可真不少，如果要長久相處，浪漫情趣和不給對方壓力是維持這段關係最好的催情劑。

在職場上，他們會互相心心相惜，在一起很融洽、很有默契，只可惜，共同完成工作的產能很有限。他們會約著一起去完成任務，很容易齊心協力，變成夥伴。但是工作能力方面就令人不敢恭維，共事的分數不會太高，只能說不至於太難看。只要一起工作就會特別的慢，可是慢工未必出細活。簡單說，從相處角度來說兩人是很好的搭配，但是從工作成效角度來說則未必。

天秤 ✕ 天蠍 （契合度 👍👍👍）

這個組合中天蠍座的魅力對天秤座的影響明顯大了許多，尤其是相處時，天秤座對於有神祕感的天蠍座充滿無限的好奇，加上天蠍座天生的決斷力和驚人的意志力，隨隨便便就可以叫天秤配合得五體投地，甘願乖乖待在他身邊。另外，因為天秤座最喜歡有特色的人，而天蠍座大概可以排上前幾名。

在職場上，天秤座很適合作為天蠍座的助理，他容易對天蠍座有一種敬仰之心，而當天蠍座要隱藏自己真實內心世界的時候，天秤座又絕對看不出來，所以天蠍座也覺得很安全。但如果是天秤座上司、天蠍座下屬，則容易被篡政。總體來說，天秤座跟天蠍座是可以長期合作的，而且完成工作的品質很高。

天秤 ✕ 射手 （契合度 👍👍👍）

射手座的要求自由和自我程度比天秤座更徹底，他不像天秤座老是在別人和自己之間矛盾掙扎，反而任性得很直接，光這一點就讓天秤座夠欣賞了，加上他們天生的熱情和浪漫，發揮一點就能感動到天秤座。這是一個以朋友為基調的組合，所以稍嫌不夠火熱，不過在互相了解或互相放縱這一點上絕對能配合無間。

在職場上，射手座腦子不夠快，但是手特別快；天秤座想的多，但是行動遲緩，所以他們一合作，工作質跟量都能提升，屬於優秀的互補型合作夥伴。此外，射手座通常執行能力非常強，你給他想法，他就能給你實績，然後天秤座馬上就會聯想到，射手座做出來的業績我可以怎麼運用，所以他們很適合做搭檔，雖然可能一路跌跌撞撞，但是不影響合作的長遠。

天秤 ✕ 摩羯 （契合度 👍👍）

因為兩個人的思想行為全然不同，天秤座可能會在多次戀愛失敗後，被踏實的摩羯座所吸引，但真正發展下去，他會發現摩羯座面對人生的嚴肅，讓他失去了自由性；起初，摩羯座會覺得天秤座人品好、生活也有品味，但相處久了，又對天秤座對人都一般好，或花錢如流水的態度看不順眼。久而久之，相處變成了壓力，只是看彼此可以忍耐多久而已。

在職場上，當摩羯座是上司的時候，因為摩羯座的主控能力太強了，而天秤座是很懂得順服他人的，所以他們之間的合作模式沒有任何問題；但如果摩羯座是屬下，因為天秤座無法理解摩羯座的城府及思維，所以有時候會有被挑戰的感覺，兩者對工作成就感的追求不同，也會導致執行方向的落差，所以雖有機會成大事，但彼此心中都有不可言喻的壓力。

天秤 ✕ 水瓶 （契合度 👍👍👍👍）

　　這是知名的才子佳人組合，水瓶座獨特的個人風格會讓天秤座非常迷戀，再加上他冷靜理智的個性，讓天秤座完全被吃得死死的。如果水瓶座再專情一點，那天秤座大概在這段感情中永無翻身的機會了。如果天秤座願意當水瓶座最好的朋友，慢慢的，水瓶座也會感到天秤座是最了解他的人，這時要偷跑的機會就很小了。

　　在職場上，水瓶座跟天秤座是藝術領域裡的極致合作者，但是水瓶座的思考、策畫的能力都在天秤座之上，而他們在某種程度上又很像，所以水瓶座容易領導天秤座，而天秤座崇拜水瓶座，他們會一直維持這樣的關係。他們適合在一起做一切天馬行空的事，創意、藝術、人文都很合適。但如果天秤座是上司、水瓶座是下屬，關係就難長久，因為水瓶座會受不了天秤座的猶豫不決而跳槽。

天秤 ✕ 雙魚 （契合度 👍👍👍）

　　一開始，天秤座會被雙魚座這種捉摸不定的性情和講究氣氛的特質所吸引，而莫名地墜入愛河。同時，雙魚座也會把天秤座性格中比較不食人間煙火的一面引導出來。不過時日一久，天秤座會恢復客觀理性的一面，覺得自己不能只看到風花雪月，而慢慢地參與和主導。不過本質上，這兩個星座一樣懶也一樣浪漫，個性上也都會遷就對方，最適合談一場如小說般的愛情，不過有點不切實際，要長久有些難度。

　　在職場上，這兩個任性的組合，如果被擺在同一個單位，會讓老闆傷透腦筋，而且兩個人都很不可靠，只會一起說服對方更懶散而已。不管是職場上的哪一種組合，天秤座相對雙魚座還是比較理智的，他會玩，但會把手邊的事情做好，如果可以引導雙魚座，兩個人合作能激發彼此的藝術與人文才能。

天蠍 ✕ 天蠍 (契合度 👍👍👍)

　　這是一個以毒攻毒的組合。一開始認識就已經有強烈的吸引力，最好能從朋友自然發展成情侶，比較能真的深入了解對方。天蠍座是屬於占有欲與嫉妒心很重的人，而且會隱藏真實的想法。光為了取得感情中的主導優勢，這種戀愛組合就像高手過招，最好的情況就是一方能試著臣服，如果都要爭個高下，那互相批鬥的慘烈是可以想像的，就算勉強在一起，長久的可能性也不高。

　　在職場上，大家都是同星球的人，所以講話非常容易懂。不管是價值觀還是做事的方式、風格，基本上不用溝通太多彼此就已經知道了。根本不需要所謂的適應和調和，工作效率會比較高。不過，因為彼此的城府都很深，也很會在暗處攻擊別人，如果兩個天蠍座起衝突一定會波及公事私事，黑函滿天飛，最後只能收得兩敗俱傷的局面。

天蠍 ✕ 射手 (契合度 👍👍👍)

　　在愛情的組合中，這兩者有可能因一時的熱度相互吸引。不過因為射手座是一個比天蠍座還任性的人，加上他那種隨性的態度，讓喜歡掌控大局的天蠍座完全不敢領教，對射手座的想法也不太了解；而射手座是屬於有話直說的直腸子，會很受不了天蠍座凡事藏心底的個性，長久下來，會成為彼此的壓力。

　　在職場上，射手座看問題可能會先看到積極的一面，然後往那個方向努力，而天蠍座則是先看到這個問題最壞的可能性，心裡先有承擔最壞結果的打算，然後去做最好的努力。所以射手座會覺得天蠍座的人太黑暗，而天蠍座會覺得射手座過度樂觀，往往不太能溝通，不過一個公司如果兩者皆有，綜合他們的意見，就是最客觀實用的建議。

天蠍 ✕ 摩羯 （契合度 👍👍👍）

　　這兩個都是屬於比較陰性又內向的星座，一開始彼此會看見各自優勢的面向而吸引，兩者對感情的事既冷靜又好強，一旦決定開始一段感情，就算遭遇困難也會維持下去。但是這種好勝心，如果中間出現問題時，大家都用盡辦法繼續走下去，已經在乎自己真實的感受，最後往往因為不甘心放手而變成一對怨偶。

　　在職場上，這組搭配超級適合一起攻克難關，堪稱是實務型任務的黃金搭檔。天蠍座擅策略，摩羯座擅計畫，而且他們做事都要麼不做，做了就不會半途而廢，再遠大再困難都會一步一步走出一條路。不過，這兩個星座都有超強大的控制欲，摩羯座喜歡控制「組織」，而天蠍座喜歡控制「人與資源」，如果不小心起衝突，會硬碰硬，不論輸贏，兩個人心裡誰也不會真的甘心。

天蠍 ✕ 水瓶 （契合度 👍👍）

　　這是個不太能達成共識的組合。貪新鮮的水瓶座偶然被深情的天蠍座所吸引，結果只有兩種：就是水瓶座受不了天蠍座情緒高低起伏及獨霸的個性，一聲不吭就走了，其二就是天蠍座忍受不了水瓶座那種我行我素的想法，根本無法控制他而黯然引退。此外，兩人的生活價值觀差異非常大，天蠍座會精打細算，水瓶座只要想要擁有就不惜任何代價，根本難以一起生活長久。

　　在職場上，這兩人都很理性，大多數情況下都能公私分明，如果方向一致，那是百分之兩百的工作效率。缺點就是兩個人都很固執，如果意見不一，很可能會僵持不下，心生嫌隙。不過因為水瓶座往往沒有爭鬥之心，如果天蠍座能收斂起對人的防備心，才有機會一同發揮所長。

天蠍 ✕ 雙魚 （契合度 👍👍👍👍）

這個偶像劇的組合中，天蠍座對雙魚座的迷戀會多一點點，因為他喜歡雙魚座那種單純迷糊又可愛的個性，再加上雙魚座確實很溫柔多情，讓天蠍座非常的依戀，也會無微不至地呵護著雙魚，完全發揮出浪漫的最高境界，也令感情生活充滿戲劇性，這種戀情可謂煙火一樣，燦爛迷人，卻也很適合步入婚姻。

在職場上，兩個人會相處的非常融洽，彼此除了工作之外，也很容易投入私人的情誼，變成朋友或情人。如果天蠍座為主管，喜歡下指令的他，正好讓沒有方向感的雙魚座有明確的工作內容，不過雙魚座對天蠍座的忠誠度其實沒有天蠍座對他的信任那麼多；如果雙魚座為主管，會覺得天蠍座很難理解，但兩者卻可以不必多說就知道對方要的東西，天蠍座卻未必忍受得了雙魚主管沒目標的指揮安排。

射手 ✕ 射手 （契合度 👍👍👍）

這兩個人的習慣與個性都很一致，所以好的時候真是讓大家嫉妒又羨慕；但是如果不合，那可以說是仇人見面分外眼紅，或者來個不聞不問，導致戀情的結局往往很極端。因為兩個人都愛自由，所以並不會太早就把對方給釘死了，但如果沒意外的話，走上紅毯的那一端也是很可能的，反正一起任性地下決定就是他們相處時的情趣。

在職場上，射手座如果是下屬，最好要比主管更有擔當，因為射手座主管遇到麻煩事是會抽腿落跑的，但當主管逃避時，射手座下屬如能承擔責任、解決問題，就會受到主管的信任。射手座如為主管，則要給射手座員工各種有趣的挑戰，當他遇到難解的問題時，最好能與他一起克服，他就會把你當成同一陣線的人，而能一起開拓生意。

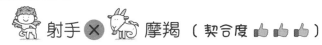

射手 ✕ 摩羯 （契合度 👍👍👍）

雖然一開始射手座會覺得摩羯座有點無趣，但認識越久會越佩服摩羯座處事認真的態度，而感到對方很可靠，因此讓射手座產生依賴感。兩者是能夠共同聊理想的伴侶，而摩羯座也需要一個陪他奮鬥的對象，射手座的樂觀正好能支持他，甚至在摩羯座悲觀時，為他鼓勵打氣，彼此的性格如能互補，會讓人生增色不少。

在職場上，如果射手座做主管、摩羯座為下屬是個非常好的搭配。因為射手很有遠見，而摩羯座的卓越執行力可以有效填補射手從理想到現實的距離。而射手座站得高、看得遠，並且行動力很高，這又可以讓三思而不行的摩羯座增加執行的膽識，並且射手座激勵人心一流，因此對於時刻需要撫慰憂慮的摩羯座來說，是劑很好的強心針。

射手 ✕ 水瓶 （契合度 👍👍👍）

這是自得其樂的一對情侶，大部分是由朋友變成情人的，雙方非常欣賞對方，也很了解對方的個性，在愛情上算是比較理性的一對，能夠互相溝通，關係親密但不會互相牽絆。射手座自由而又獨立的人生觀和水瓶座非常相近，水瓶座最討厭癡纏型的伴侶，不過兩人都不喜歡沒有變化的生活，生活圈子又廣泛，如果能夠接受彼此的世界各自精采，只要在一起時無憂無慮，就可以愉快地走下去。

在職場上，射手座有遠見，水瓶座喜歡規畫，同樣都是目光高遠的人，如果彼此對大方向的看法一致，他們就會相處得很好。此外，他們都不習慣被框架限制，因此在離經叛道方面的思想，可謂知音相逢。但值得注意的是，這兩個星座都屬於「想勝於行」的類型，就怕太多想法流於空談，但最後卻雷聲大雨點小，一點實事也幹不了。

射手 ✕ 雙魚 （ 契合度 👍👍 ）

因為射手座對愛情通常是一觸即發，試過不合拍再換，而雙魚座總之有人愛就成了，根本不會想想長遠的問題，總是糊里糊塗地就陷進去了。關係一開始後，射手座的人隨時可以轉身抽離這分感情，但對雙魚座糾纏、犧牲式的戀愛手段，無計可施，只好拖下去，即使射手展開另一段感情之時，也不能與雙魚座完全脫鉤，而造成難以收拾的局面。

在職場上，雙魚座通常會帶著一分很現實的目的，如果射手座能與他「井水不犯河水」，並且注意雙魚座敏感的神經，別隨意開口傷人，兩者就能好好相處，雙魚座也很照顧和包容射手座，兩者也是一起暢談夢想的好搭檔。

摩羯 ✕ 摩羯 （ 契合度 👍👍👍 ）

由於你們都不浪漫，愛戀之中極少機會擦出火花，旁人看你們覺得很難溝通，但你們卻樂在其中，當然大爭小吵在所難免，而且各自都著重自己的事業，感情只是心靈上一種支持和寄託，有一個後台支持自己努力，已經很足夠。你們是現實主義者，凡事一定斤斤計較，冷戰可能經常發生，但床頭吵床尾和，大家靠安全感共度一生，是越老越恩愛的情侶或夫妻。

在職場上，如果在一場戰鬥中需要堅守陣地、戰鬥到底的話，很適合選擇這組搭配。或許摩羯組合不是突出重圍、開啟生路的類型，但是絕對是守城的好夥伴。所謂攻城容易守城難，因此需要守城的話，找摩羯座準沒錯。這組搭配的執行力絕對是百分之百，只是創新方面會是大問題，如果是在一個極富創造性的部門，這組搭檔就很讓人擔憂了。

摩羯 ✕ 水瓶 （契合度 👍👍👍）

這組合彼此對於自己的想法都相當堅持，也都想改變對方的想法，挺難溝通的。對摩羯座而言，在失意時候，因為水瓶座那種博愛的精神，會在他最需要人安慰時伸出援手，摩羯才可能因此愛上他，但一步入感情後，他發覺水瓶對所有人都是一樣！至於水瓶座會先被摩羯座沉穩老實的外型吸引住，但當你接近他，就知他的老謀深算，一點都不老實。而水瓶座火爆衝動的性格，一不爽就寫在臉上，摩羯座卻能沉住氣，兩個人很難長遠交心。

在職場上，水瓶座是個造反派，他也根本不在乎你提拔不提拔他，這的確會讓摩羯座這個崇尚權威的人大傷腦筋。但水瓶座的好點子一籮筐，可以彌補摩羯座關於決策的缺失，所以又是個很有用的幫手。還好，這兩位都很冷靜，儘管水瓶座任性，但也比較理性，並且不會對摩羯座有權力威脅，所以還不錯。

摩羯 ✕ 雙魚 （契合度 👍👍👍）

這是兩個心思細膩的星座，雖然兩人的目標、想法都不一樣，但是卻有非常好的默契，對方有深刻的了解。這個組合中的雙魚座比摩羯座略占優勢，因為摩羯座總是無法對雙魚座溫柔脆弱的一面視而不見，會顯出強烈的保護欲，加上雙魚座的溫柔體貼總是會讓摩羯座感動不已，很容易就被雙魚座收買了，算盤再也打不精！

在職場上，如果他們是同事，共同執行一件任務，到了deadline，摩羯座會很嚴謹地把分內事完成，雙魚座若碰上他個人的多愁善感期，什麼也做不好，這一點會讓摩羯座覺得很痛苦，因為他不得不替雙魚座收拾亂攤子。但是，如果雙魚座是上司，摩羯座會很輕鬆，因為這個主管沒有什麼自我意識，摩羯座基本可以自己說了算，事情做起來也開心。

水瓶 ✕ 水瓶 （契合度 👍👍👍）

同為水瓶座，大家都不用掙扎了，合則來不合則去是最標準的戀愛準則。兩人相處起來比一般朋友還像朋友，並為此感到輕鬆又自在。其實，水瓶遇上水瓶算是完美的朋友組合，但是如果變成情人就不一定了，畢竟對兩個愛好自由的人來說，當朋友才是最好的距離，不然在一起老是聚少離多，就沒有在一起的必要了；一旦哪天不合適了，這兩人分手還能做朋友。

在職場上，兩個人都來自同一個外星球，所以更能理解對方的想法。如果是做創意或者策畫，倒是難得的好搭檔。如果彼此是上司下屬的關係也不錯，開放平等的工作環境，兼容並蓄的上司都會讓水瓶座下屬的工作心情很愜意，只是身為上司的水瓶座多少有點擔心，這個想法多多的下屬要是再多點兒務實精神就更好了。

水瓶 ✕ 雙魚 （契合度 👍👍👍）

一般而言，雙魚座會先掉進水瓶座的溫柔鄉，但雙魚座之後會覺得水瓶座的心裡其實根本就沒有自己。同樣的，如果水瓶座對這段感情已經厭倦，也會轉而順理成章地投入他人懷抱。這是一個非常曖昧不明的組合，因為兩人對愛情的態度不明確，反而會發展出自己的另類愛情模式。

在職場上，雙魚座是一個很隨和的星座。所以水瓶座會覺得跟雙魚座在一起相處自由而舒服，沒那麼多壓力。同時，水瓶座那種對新鮮事物的觸角和懂得把握機會讓雙魚座很欣賞。只是他們在一起沒有那麼多的激發和鼓舞，因此執行力會弱一些，容易陷於無為而治的懶散狀態。

雙魚 ✕ 雙魚 （契合度 👍👍👍）

　　當雙魚遇到雙魚的時候，兩人在人生中遇到的問題是一樣的，雖然無法替對方解答，但可以同病相憐，也可能因為這種情懷而讓雙魚覺得愛上了對方，進而犧牲奉獻地想盡一己之力，但過多的同情對雙魚來說只會更沉淪罷了。兩人都是浪漫到不食人間煙火的雙魚座，容易難以顧及真正的現實，若想要長久可得好好計畫。另外要注意的是你們都太情緒化，一發作起來傷害彼此甚深。

　　在職場上，一對同樣屬性的人，在知己知彼、百戰百勝之外，當然也最清楚各自的缺點在哪裡。除非能夠各自明確自己的職責所在，否則對實際事務容易散焦的雙魚們，最後往往會發現和工作夥伴之間存在認知盲點，成了整個case的敗筆。有時候，私人的交情放在下班後再經營就好了，面對公事還是要現實面對，才能提高合作的成效。

沒有機會、天數、命運，
　可以避開、妨礙或控制一個堅定靈魂的決心。

　　　　　　　　　　〜艾拉‧惠勒‧威爾克斯 (詩人)

Chapter

3

血型╳星座
透視性格讀心術

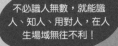

★★★★

最透徹的48種血型╳星座的
人格、戀愛、職場、理財
全方位性格解析！

不必識人無數，就能識
人、知人、用對人，在人
生場域無往不利！

★ **最佳情人**：獅子、射手、天秤的Ｏ、ＡＢ型
★ **知心好友**：白羊、雙子、水瓶的Ｏ、ＡＢ型
★ **暗防敵人**：摩羯Ｂ型、巨蟹Ｂ型

白羊座Ａ型

🐻 性格診斷～足智多謀重視原則，隱藏著悶騷守舊的陰暗面

基本上，Ａ型人和白羊座的特質，幾乎可以說是背道而馳。Ａ型人重視傳統的生活方式，對於事物的看法相當保守。而白羊座則視冒險挑戰為人生的一大樂趣，所以這類型的人經常呈現自我矛盾的狀態，有時勇敢果決，有時又顯得優柔寡斷，其實如果能綜合兩者的優點，就能成為戰場上的常勝軍。

此外，擅長協調的Ａ型可避免好勝的白羊座過於突顯，白羊座的衝動魯莽也可仰賴Ａ型的穩重與耐心來牽制。另一方面，Ａ型的消極悲觀則可以藉白羊座「事在人為，人定勝天」的樂觀來加以緩和，兩者剛好可以配合得可圈可點。

Ａ型的白羊座總是顯得比實際年齡年輕。因為有種發自內心的純潔，對於錯綜複雜的社會，他們始終不能也不願意完全圓滑的去適應。

至於在其他方面的表現，Ａ型的白羊座非常重視事物的原則性，在生活方式或思考方法上極有原則，一旦被任何一件事情吸引，便會以全部的熱情及努力投入其中。

建議白羊座Ａ型不要太過分重視原則，如果太固執只會讓人覺得他根本不可理喻，如果能對別人的意見採取彈性接納的態度，會發現大多是很受用的建議。絕大部分的情況下，Ａ型白羊座的人是溫和謙讓的，惟有親近的朋友才能看見他活潑的另一面。

愛情緣分～一見鍾情的熱戀，相戀後卻愛不持久

感情坦白而直接，完全沒有暗戀情節的白羊座，一旦喜歡上某人，便熱情洋溢，無法自制，有時甚至連對方都無法接受如此強大的熱情。只有Ａ型的人會極力壓抑自己，讓熱情在心中澎湃。正因為他如此極端，受感情的衝擊如此巨大，因此，他對戀愛十分慎重，視愛情為生命中第一大事，如果表白絕非是一時的感情衝動。當他愛上一個人甚至會把人生中其他的目標置之腦後，轉而把愛情的目標當做人生的目標，因此變得患得患失。不過，請放心，這種情況不會持續太久，在戀情穩定後，他又會恢復白羊座的厚臉皮了！

職場工作～面對目標充滿幹勁，最大的敵人就是毅力

天生的競爭性格就是Ａ型白羊座的本錢，所以他非常適合在競爭環境中發揮特長。此外，他也很適合能夠發揮領導力、挑戰性的工作，但需要辛苦鑽研或一成不變的工作反而可能會把他悶死！當他工作的時候，目標十分強烈，而且充滿了活力，幹勁十足。但是，在機會未來臨之前，或是陷入進退兩難的境地時，便會顯得焦躁不安，浪費精力，這是他最大的弱點。如果能彌補這一缺陷，憑藉優異的才能，可發揮出類拔萃的能力。此外，按照他的喜好來選擇工作而不是迫於情勢，這對Ａ型白羊座而言是非常重要的。

金錢理財～成就野心讓你致富，借錢時需衡量狀況

Ａ型白羊座的財運相當不錯，在潛意識中，他也常幻想著有一筆橫財降臨，事實上，只要他把全部的精力投注在事業上，就能賺取可觀的財富，不過他想獲得的還有社會的聲望與地位。要注意的是，當工作或生活上不如意時，就會隨便揮霍金錢。受人之託時，他常不懂得婉言謝絕，當投資冤大頭後才後悔不已，也須格外注意。

★ 最佳情人：獅子、射手、天秤的Ｏ、ＡＢ型
★ 知心好友：白羊、水瓶、雙子Ｂ、Ｏ、ＡＢ型
★ 暗防敵人：摩羯Ａ型、巨蟹Ａ型

白羊座 B型

🐻 性格診斷～腦筋靈活行動敏捷，挫折源自缺乏周密思考

盲目的行動及迅速的決斷力，是Ｂ型白羊座的特徵。當別人主意未定、不明就理時，他早已精神煥發地朝目標前進。一旦下定了決心就會立即付諸行動，行動每每引導著思考的方向。這種活躍的行動力，常為他換來「急驚風」的評語。

盲目衝動型的Ｂ型白羊座，經常在別人還在原地踏步時，就已經三步併兩步，趕在他人之前行動。換句話說，他一向是先行動再思考的，所以如果他遇上做事溫吞的慢郎中時，恐怕會跳腳不已。

Ｂ型白羊座的座右銘是：「即使失敗，也比什麼都不做來得好。」所以他不喜歡維持現狀，喜歡向未知挑戰。不過，自我主張強烈的他，言詞上向來直言無忌，有時難免過於尖銳，刺傷別人仍不自知。然而，欣賞他這種直率個性的人，也許會對他明快、坦率的作風感到痛快至極！

由於他做事不拘小節，沒有周密的思考和完整的規畫，經常只顧向前衝刺，而忽略了一些關鍵的細節，因此，在奮鬥的過程中，挫折當然也就在所難免了。

不過，由於Ｂ型白羊座與生俱來的求生欲望，讓他比任何星座更具有上進心，在有限的生命中，想將人生活得淋漓盡致，厭惡維持現狀，所以會拼命地向未知領域挑戰，努力開創更寬廣的未來，是個熱愛追求刺激及夢想的冒險家。

愛情緣分～越受阻撓越要愛，無視愛情對人生的損傷

B型白羊座的愛情來去匆匆，每一段戀愛都是燦爛奪目的。無論是門不當戶不對也好，周圍的人強烈反對也好，他都會不顧一切地去愛對方，困難及阻礙對他來說無疑是火上加油，只會令彼此更加相愛罷了！所謂「情人眼裡出西施」，在B型白羊座的人身上可得到最佳印證，一旦陷入熱戀，他就會失去冷靜及理智，甚至把對方的缺點看成是優點，對情人產生過分理想化的傾向。他對愛情充滿了奉獻的精神，應稍微注意一下，最後才不會玩火自焚。

職場工作～活躍職場的鬥士，要注意目中無人的失禮

B型白羊座在戰鬥狀態下，通常都能發揮無窮的潛力，如果處在過度安穩的狀態下，他的行動力及觀察力可能很容易生鏽。此外，要他卑躬屈膝或持之以恆的工作，可能會令他苦惱不已。應該選擇一個充滿蓬勃生氣的工作環境，讓自己一展才華。值得注意的是，對於上級和長輩他偶爾會有傲慢無禮的傾向，不要因為一時的衝動，而換來後悔的前程。

金錢理財～愛爭請客，又沉溺於金錢的冒險遊戲

B型白羊座一生運勢起伏極大，連財運也不例外。他會為了達到某種目的，不惜一搏，所以不是一夜致富，就是一文不值。此外，他花錢相當海派，可是，這種愛當老大式的消費習慣，很快就會讓存款坐吃山空。如果他看到喜愛的商品，也會不假思索地購入。若能利用交際手腕去開拓良好的人際關係，對財運將有莫大的幫助。當B型白羊座年紀漸長，花錢最好有某種程度的節制。若要創業，最好找個理性、沉穩的人一同合作比較保險。

★ **最佳情人**：獅子、射手、天秤的Ａ、Ｂ型
★ **知心好友**：白羊、水瓶、雙子Ａ、Ｂ、Ｏ型
★ **暗防敵人**：摩羯ＡＢ型、巨蟹ＡＢ型

白羊座 Ｏ 型

🐻 **性格診斷**～得天獨厚的領袖氣質，說做就做誤判形勢

　　如果班上要選一位班長，公司要提拔一位主管，Ｏ型白羊座絕對是被優先考慮的人選。白羊座的積極、勇猛使他面臨挑戰時極少退縮；Ｏ型的正義感和責任感，使他看到朋友有難時，也絕少袖手旁觀。Ｏ型和白羊座的特質結合的恰到好處，因此，使這類型的人無論在學校或工作上都格外引人矚目。

　　無論做什麼事，他都喜歡乾淨俐落，討厭拖泥帶水，自我意識非常強，如果無法時刻走在別人前面，心中便覺得不舒坦。誠如俗語所說：「寧做雞首，不為鳳尾。」野心勃勃、雄心萬丈正是他的最佳寫照。更善用採集情報，對世事動態瞭如指掌。

　　Ｏ型白羊座的另一個特徵便是富有人情味，尤其遇到路見不平的情形，幫助弱小的意識更明顯，促使他勇於挺身、拔刀相助。

　　他雖然不喜歡依賴別人，卻容許別人來依賴自己。這種心態，或許可以說是種強烈優越感的表現。因此，他會比任何人都還要重視生存的價值，積極發揮個人原有的能力，身為別人部屬，他可能會表現出平庸無能的樣子，但是，只要有機會從人群中脫穎而出，就會成為備受矚目的領導者，這或許就是Ｏ型白羊座的潛力。

　　不過在Ｏ型人中，最積極且富有冒險精神的白羊座，卻往往在機會尚未完全成熟之前，就毅然出發，說做就做。這種劍及履及的行動，雖然也有馬到成功的例子，但絕大多數會因估計錯誤而失敗，或是被迫回到原點。

✦ 愛情緣分～只求明確表達自己心意，熱情破錶嘗到苦果

熱戀時，O型白羊座會細心地觀察對方的態度，並思考作戰方式，但由於他心中充滿了激烈的情感，會自以為已經經過深思熟慮且穩操勝券，但熱情過度的結果，卻每每失去客觀的判斷，最終嘗到失戀的苦果。一旦O型白羊座被點燃了愛情的火花，就會傾注全部的精力期待能在短時間內得到結果。失戀時，也能「拿得起，放得下」，也許會大醉一場，或者換個新髮型，然後一切便隨風而逝，畫下休止符。等事過境遷，又會回到原有的生活軌道上。

🧳 職場工作～專業加持不怕沒人請，轉換前要思考清楚

O型白羊座對環境的適應力很強，更有十足的進取心，因為，他把工作看作對自我能力的一項重大考驗。如果有機會成為大公司的一員應盡量選擇可以充分發揮智慧及才能的工作。即使是女性，也可表現得出類拔萃。總之，O型白羊座富有開拓者的精神。因此，最好能有一技在身，有機會就學著自己獨立經營事業，其次，若是能成為某種領域的專家，那麼，如果天時、地利、人和各種條件配合得好，必能成為一名領導者。不過，在選擇變動前，應思考清楚人生的目標再轉換，才可以減低盲目嘗試的風險。

🍊 金錢理財～可發揮投資的先見之明，不要吝於投資人脈

O型白羊座的精力旺盛，賺錢積極，投資又有洞見，因此工作收入總是在水準以上。但O型白羊座的人天性浪費，常因一時衝動，買下一大堆中看不中用的廢物，買東西前，最好考慮是否為必需品。中年之後，應盡量改掉浪費的習慣，開始有計畫地存錢。否則，雖不至於到經濟拮据的地步，但卻難有穩定的財富，以致年紀漸長還要為財務奔波。年輕時不要吝於交際費，廣闊的交際和豐富的人際關係，會帶給他財運。

★ **最佳情人**：獅子、射手、天秤的Ａ、Ｂ型
★ **知心好友**：白羊、水瓶、雙子Ａ、Ｂ、ＡＢ型
★ **暗防敵人**：摩羯Ｏ型、巨蟹Ｏ型

🐻 性格診斷～看似好好先生，實則兼具冷靜與熱情的野心家

ＡＢ型白羊座的身上充滿了矛盾的感覺，因ＡＢ型的特質是冷的，而白羊座的特質是熱的，所以他的個性中總是有著冰與火的衝突。不過，卻因而造就了ＡＢ型白羊座天生的領袖氣質。因為他的性格中潛藏著冷靜、理智且極富行動力。就像是個拓荒者，努力邁進，不向環境妥協，對自己的人生負起完全的責任感。

在人群之中，由於他不怒而威的氣勢很容易吸引別人眼光。也常因公正無私及善於照顧別人而贏得不錯的聲望，自然成為大家依賴的對象。其實冷靜、理智正好把他的企圖心掩飾得不露痕跡。事實上，他的野心勃勃而且好勝心非常強，但是外表卻讓人誤以為是個只想照顧朋友的好好先生。

在競爭的社會中，ＡＢ型白羊座具有適者生存的性格，雖能力爭上游，但是過於強硬的態度，可能會使他得到相反的結果，甚至釀成不幸。在這種唯我獨尊的性格下，應謹記，凡事除非自己已三思過，衡量過自己的實力之後再付諸行動，否則，只會被別人譏斥為自不量力或魯莽無禮。

缺乏耐心是ＡＢ型白羊座的另一致命傷，雖然，在迅速的決戰中，勇猛的個性常為他打一場勝仗，但若須長期抗戰，就會露出弱點了。因為對於善後工作，他不太能夠處理，往往留下爛攤子讓別人來收拾，或是半途而廢前功盡棄，這都會讓看似坦途的人生抹上一層陰影。

愛情緣分～勇往直前追求愛，喜新厭舊變心快

愛上一個人就會勇往直前的ＡＢ型白羊座，會堅持得到對方的愛為止，如果對方相應不理，反而更會引發他的鬥志，讓他愈挫愈勇。不過，他的熱情也冷卻的非常快，失戀對他而言，不是被對方拋棄，而是自己早就失去對這分感情的熱度了。最令人同情的往往是被他用熱情點燃的對方，最後竟然得面臨被拋棄的狀況。這類型的人往往帶有喜新厭舊卻又喜歡操控別人的個性。

職場工作～創業成功指日可待，中途放棄則機會盡失

ＡＢ型白羊座最好能善用判斷力，為自己立定一個遠大的目標。適合自行創業的他，萬一沒有辦法如願，也應該選擇在較具規模的企業中工作，因為優越感極強的他，只有在這種環境下，才願意聽命於人。或是最好能夠為自己訂立一個比較遠大的目標，即使獨自奮勇前進，就算是經營副業，成功的機會也很大。ＡＢ型白羊座的弱點是一旦認為沒有希望就會斷然放棄或容易感到厭倦，而失去堅持下去就能看見成功的希望。

金錢理財～生財有道財務寬裕，太重排場而無謂浪費

因平時有在關注理財資訊，再加上善於抓住賺錢的機會，所以，ＡＢ型白羊座的人不會為了金錢而終日辛苦奔波，在白羊座中，財務算是相對平穩與寬裕的。不過，喜歡照顧眾人的他出席聚會時仍喜歡充闊佬、搶著付錢，以至於交際應酬的開銷占支出的一大半。如果見到喜歡的東西，甚至還會不惜鉅資購買。如果老是沒衡量財務狀況，就算再會賺錢，存款數字依舊有限。如果想在中年以後有一筆可觀的退休金養老，最穩當的方法是在消費前考慮清楚後，再量入為出。

★ 最佳情人：處女、摩羯、天蠍的Ｏ、ＡＢ型
★ 知心好友：金牛、雙魚、巨蟹的Ｏ、ＡＢ型
★ 暗防敵人：獅子Ｂ型、水瓶Ｂ型

金牛座 Ａ型

🐻 性格診斷～從容不迫謹慎行事，冥頑不靈只相信自己

　　金牛座與Ａ型有許多雷同之處：同樣從容不迫，不願冒險，寧可繞遠路，也要選擇一條安全的路，而別人一天就能決定的事，他可能要一個禮拜，真是個「皇帝不急，急死太監」的慢牛！

　　不過，就因為他這種謹慎的做事方式，失敗的機率會非常低，加上他頗有責任感，講義氣，所以盡管他總是慢半拍，卻還蠻受人歡迎的。

　　Ａ型金牛座作風低調，行為含蓄，總喜歡和他人保持一定的距離，有著一種獨特的高雅氣質。但在他謙虛平和的外表之下，有著與生俱來的強烈自信。

　　一般情況下，他不會像Ｏ型金牛座那麼愛說話，但如果你惹到他，言語的反擊會非常犀利。

　　Ａ型金牛座對於工作非常努力和勤奮，也常常喜歡思考，並充滿責任感，認定了目標就會一直做下去，雖然有時顯得稍欠圓滑和變通，但終會取得成功。在餘暇時，他也會認真品味生活，卻不會沉溺於享受中。雖然他也會有著各式各樣的欲望，但總是有意識的節制自己的欲求，不希望自己成為物欲的奴隸。

　　此外，Ａ型金牛座的工作能力相當強，藝術鑑賞力更是一流。但自我防衛過強、冥頑不靈都是他溫和外表下，不為人知的一面。

愛情緣分～要確認會成功才敢愛，占有欲不可挑戰

　　一見鍾情式的愛情絕不會發生在Ａ型金牛座的身上，他要確認命中對方的紅心之後，才可能有進一步的行動。換言之，他追求的是穩定的長久戀情，所以人選當然就非常嚴苛了！此外，他的占有欲也相當強，如果有一天他對你說：「你是我的！」你若以為這只是他的情話，那就大錯特錯了，這可是他的肺腑之言。Ａ型金牛座這種忠實的戀愛傾向當然不容許別人變節的行為，所以如果讓他知道你只是在玩愛情遊戲，那麼你可就吃不完兜著走囉！

職場工作～工作是為了生活穩定，無法承擔挑戰性的任務

　　忙碌的工作本來並不適合慢半拍的Ａ型金牛座，但朝九晚五的工作所帶來的安定感，卻相當合乎他追求穩定生活的願望。所以他選擇職業時，不管工作能帶來多大的發展，若不能給予安定的保障，肯定不會考慮。由於Ａ型金牛座欠缺開拓的精神，因此比較不適合公關或業務方面的工作，不過他對金錢的概念相當敏銳，所以在金融界的成就會比較高。最好在工作之餘，能多開發自己的人際關係，認識不同面向的朋友更有助於人生進展。

金錢理財～節流致富，保守性格不輕易投資

　　Ａ型金牛座對金錢非常有概念，一分一毫都不會浪費、生活十分簡樸，凡事也都以安全為優先考量，看著存摺上的數目逐漸增加是他人生最大的樂趣，到了年老時便擁有一筆可觀的財富。關於理財，他絲毫不會冒險，但在滿足精神生活方面，較捨得花費金錢。若有一本好書或一場夠水準的音樂會，會心甘情願地掏腰包。對於人際往來間的餽贈，他常為了買有品牌的東西而所費不貲，如在節流外尚可開源，則生活品質可更提升。

金牛座 **B** 型

★ 最佳情人：處女、摩羯、天蠍的Ｏ、ＡＢ型
★ 知心好友：金牛、雙魚、巨蟹Ｂ、Ｏ、ＡＢ型
★ 暗防敵人：獅子Ａ型、水瓶Ａ型

🐻 性格診斷～有自己的生活步調，若不督促自己會太懶散

我行我素的Ｂ型金牛座，一向不在乎自己的步伐比別人慢，但是卻又希望保有自己的行動節奏，所以他寧可悠閒地走在自己的道路上，也不喜歡別人來擾亂自己的腳步。

金牛座的思慮與行動緩慢再加上Ｂ型與生俱來的樂天性格，使他喜歡每天逍遙度日。不過，悠閒歸悠閒，他仍會為了自己的目標而努力，只是他只為感興趣的事全力以赴，至於他不感興趣的事，就會以消極的態度回應，如果旁人以命令的口吻要求他，恐怕目的無法達到，反而會引來他一陣反彈。

他身上突顯金牛座特有的安詳和溫和的一面，幾乎沒有什麼脾氣，接近他的人都會非常喜歡和他相處的這種舒服感覺，似乎能受到感染而慢慢的平靜下來。Ｂ型的金牛座非常愛好美食，但不喜奢侈，他是很容易滿足的人，凡事喜歡適度就好。

此外，Ｂ型的金牛座是個腳踏實地、能認清方向、看透自己的人。不過，他在思想行動上的小心翼翼，常給人一種消極的印象。久而久之，會對自己不夠積極、缺乏決斷力，產生批判的心理。對於行動積極的人，他會自然流露出羨慕之情。

若Ｂ型金牛座長期缺乏協調性及對突發事件的應變能力，將有損在工作上的發展。因此，好好訓練自己，加快步伐，不求超越別人，但至少要和他人並駕齊驅。要記得，可以悠閒但不要懶散，即使與世無爭但不要流於怯懦。

愛情緣分～溫柔感性的愛情顧問，卻比誰都在乎安全感

　　具有豐富感性的 B 型金牛座，表面上看似是個很難讓異性理解的人。然而，如果對方能夠了解他的溫柔，恐怕就很難離開他了。善於傾聽是他談戀愛的有利條件之一，所以他可能經常有被自己暗戀的人當成愛情顧問的「痛苦經驗」，畢竟傾聽自己所愛的人談論著與自己無關的愛情故事，是多麼難受的一件事。不過，對方終究會體察到他的苦心，到時他已成為對方精神上的支柱了！表面上，B 型金牛座可能表現出給予對方自由空間的度量。實際上，卻十分在意對方的一言一行，如獨占欲過強，會讓感情失去新鮮感。

職場工作～工作負責深獲肯定，太被動會失去契機

　　B 型金牛座屬大器晚成型。他對於工作一向十分熱心、認真，責任感很強，因此容易獲得別人的信任。而 B 型對美感的敏銳度，也有別於其他類型的金牛座，相當適合從事藝術方面的工作。由於他個性上不喜與人爭，因此，不適合需要辯才和協調能力的工作。不過，如果凡事都太被動，會失去開啟成功的鑰匙。

金錢理財～生活很拘謹，但衝動時額包會失血過多

　　金牛座對金錢的敏感度向來居十二星座之最，不過 B 型的氣質可能稍微沖淡了這種傾向，所以他對錢財有一種矛盾情結。一方面他節儉的可以，另一方面他對感興趣的事物又不惜一擲千金。因為 B 型人認為錢財乃身外之物，並不十分在意。還好 B 型金牛座的財運很興旺，只是偶爾衝動的消費或沖昏頭的投資，讓自己與成為富翁的機會失之交臂。

★ 最佳情人：處女、摩羯、天蠍的Ａ、Ｂ型
★ 知心好友：金牛、雙魚、巨蟹Ａ、Ｂ、Ｏ型
★ 暗防敵人：獅子ＡＢ型、水瓶ＡＢ型

🐻 性格診斷～獨具藝術才華，因固執只能孤芳自賞

一般而言，Ｏ型金牛座仍有金牛座溫和、親切的特性，同時他也繼承了金牛座超凡的美感和鑑賞力。由於對美好事物特別敏感，所以他會經常張開自己的感性之網四處尋覓靈感，等找到符合自己想要的感覺後，便開始應用在生活中。

另一方面，Ｏ型金牛座充滿了才子氣息。他會將金牛座重物質和感官的一面發揮到最大，他懂美食和音樂、會玩樂，愛時尚精品，喜歡名車、也愛名氣。即使一個看起來很普通的Ｏ型金牛座也具備著特殊的才華，足以讓他過著想過的生活。

而出色的Ｏ型金牛座，可以將Ｏ型的衝勁和競爭性，與金牛座天生對於金錢的敏銳度結合在一起，成為一個成功的商人。

在他看來，凡事不能操之過急，應該求穩不求快，鋌而走險不是他的主張，而且他同時擁有比其他人更多的耐心及毅力，這是他的優點，但由於缺乏把握運氣的敏銳度，所以也經常錯過很多機會，尤其在他一心主張求安穩的心態之下。

然而，當Ｏ型的固執滲透進金牛座時，往好處看，是擇善固執，對於亂七八糟的事絕不妥協；就壞處而言，他一旦下了決定，就不輕易更改，有時會讓人誤以為任性，進而對他敬而遠之。所以，如果遇到一位Ｏ型金牛座，你可千萬別隨便叫頑石點頭，他可不一定會買你的帳！

✿ 愛情緣分～專注奉獻的純情之愛，亂吃飛醋而傷感情

對O型金牛座而言，人生如果少了愛情，一切都會顯得乏味無趣。他是服膺「為了你，犧牲生命也在所不惜」如此純情式愛情的人。但是，他也絕不會一天到晚把愛掛在嘴上，對方大多會因為他的專情而屈服。由於他對愛專一的態度，相對地，醋勁也特別大，有時連對一個沒有生命的東西他都要吃醋，他可能會說出：「你那麼喜歡工作，乾脆就跟工作結婚算了！」這類情緒的話。其實，理性的溝通才是維繫兩情相悅的法則。

💼 職場工作～適性發展才能發光發熱，要對自己有自信

O型金牛座如果找到適合自己的工作，就會充滿幹勁，全力以赴。但如果工作性質不喜歡，人生進展也會慢如蝸牛，因此能否找到適合的工作，便成為他人生的轉折點。其實只要找到能發揮他才能的工作，多半能在某個領域中聲名大噪。因此不必妄自菲薄，只要對自己有十足的信心，埋頭苦幹就能成功。有浪漫主義者之稱的O型金牛座，其實很有金牛座藝術鑑賞家的氣息，所以適合從事能活用細緻美感的工作。

🍊 金錢理財～與財神本有緣，衝動插花易遭殃

對金錢特別有概念的金牛座，加上與錢一向很有緣的O型，財運之佳不言而喻。如果他在金錢方面有所損失的話，必定是因為投機性強又衝動的O型在作祟的關係，千萬要小心。由於O型的人多多少少有些衝動，即使是從容不迫的金牛座，也不能抹煞這種個性，所以，偶然衝動下所從事的投資事業，極有可能遭到失敗的命運。天有不測風雲，人生總難免有意外的事發生，千萬不要一聽說有利可圖，就慌慌忙忙插上一腳，一旦失足將一輩子掛心。

★ **最佳情人**：處女、摩羯、天蠍的Ａ、Ｂ型
★ **知心好友**：金牛、雙魚、巨蟹Ａ、Ｂ、ＡＢ型
★ **暗防敵人**：獅子Ｏ型、水瓶Ｏ型

性格診斷～沉著穩重思慮周密，一旦決定義無反顧

金牛座多半重視實際利益，而ＡＢ型則屬於冷靜型人物，兩者結合就會產生沉著穩重、思慮周密、不容許自己意氣用事的ＡＢ型金牛座。

你也許會覺得他既嚴肅又難以接近。事實上，他是個相當崇尚和平的人。他最痛恨的事，莫過於暴力相向。不過，也別因此認定他是個好好先生，若有人侵犯到他，他也會據理力爭，不易屈服。

由於他豐富、多感的心思，此類型的人對美及藝術大多有獨特的鑑賞力。另一方面，他也很有管理財務的天分，這一點是金牛座現實性格的表現，如果一個ＡＢ型金牛座在經濟上出了問題，他就再也笑不出來了。

ＡＢ型金牛座的身上有著一種憨厚的氣質，他是柔順的，好脾氣的，喜歡和人親近，也惹人喜愛。不像Ａ型金牛座什麼都不想聊，Ｂ型金牛什麼都不敢聊，Ｏ型金牛什麼都愛聊，他就像孩子一樣天真爛漫。不過，這孩子氣的外表下，也有著其他金牛座沒有的愛搞怪一面，他們其實不是那麼愛遵守秩序的人，也會偶爾做點陽奉陰違的事，不過都是在無傷大雅的情況下。

他身上有著矛盾的性格，有時候似乎非常成熟，有時候又顯得過於單純。但如果ＡＢ型金牛座真的決定了什麼事情，任何人的阻礙和反對都是沒用的，他甚至都不會來跟你爭論，你說你的，他繼續做他的。

❖ 愛情緣分～喜歡細水長流的感情，因愛而讓人生發光

ＡＢ型金牛座的愛情有如三、四月的和風一樣，緩緩吹動，不疾不徐。他相當排斥過於激烈的熱情或盲目的愛戀，喜歡細水長流的感情，更不相信一見鍾情。由於害怕感情上會發生過於激烈的變化，所以他會選擇非常了解的熟人為對象，如此才能確保他無失戀之虞。因此，他很少會主動展開攻勢，在這種有情似無情的情形下，對方可能會因冷淡而疏遠。事實上，在他冷漠外表下，蘊藏了一顆認真而火熱的心。他會是一個忠實的情人，也會因為有了感情滋潤，而充滿了生氣，煥發與以前不一樣的成熟光彩。

💼 職場工作～能在同個領域熬出專業，別因輕率而離職

ＡＢ型金牛座應善加利用敏銳的判斷及理智，再加上吸收知識的卓越能力，去從事專業的執行工作。一旦讓他掌握工作技巧後，那麼就能一直維持不敗的運勢，而他成功的最大利器，就是比誰都能持之以恆，長期抗戰下，成為公司最資深又可信賴的幹部。ＡＢ型金牛座要避免中途更換行業，尤其是中年之後，更不可有跳槽的舉動，但是他可以從事多角化經營，或是擴大工作內容，都有致富的可能。

🍓 金錢理財～聰明的收藏投資客，擁有不流俗的獨到眼光

ＡＢ型金牛座的財運之所以不錯，因為他對可增值的收藏大有興趣。例如藝術品、美酒或甚至是絕版的古幣，除此之下，他也比其他血型的金牛座更冷靜，也善於儲蓄，雖然可能會被看作是守財奴，但他是屬於懂得靈活應用資產的行家，雖然有時操作的投資並非人人認可，但他獨到的眼光，不容別人質疑，也確實為自己賺進豐厚的財富。

★ **最佳情人**：天秤、水瓶、射手的Ｏ、ＡＢ型
★ **知心好友**：雙子、白羊、獅子的Ｏ、ＡＢ型
★ **暗防敵人**：處女Ｂ型、雙魚Ｂ型

性格診斷～看似學識淵博，但樣樣通等於樣樣鬆

　　Ａ型雙子座大都相當健談，說得誇張一點，他們幾乎是為了說話而生的。你會發現，他話題之豐富，常令對手嘆為觀止，而且擅長以巧舌和人爭辯議論，再加上頭腦動得快，經常使對手對他又愛又恨。

　　Ａ型雙子座可說是八面玲瓏的社交高手，但是，可別以為他是個熱情洋溢的人。事實上，理性的Ａ型因子讓他在內心深處始終存在著另一個自我。為了維持這種內在與外在的平衡，他經常緊繃著神經，再加上Ａ型的保守與克制，總是讓他無法順展現雙子座自由奔放、精力充沛的魅力。

　　Ａ型雙子座對自己充滿信心，感受性也很強。他有很好的理解力，可惜的是缺乏耐心，凡事只有三分鐘的熱度，一下子便厭倦了，缺乏追根究柢、貫徹始終的精神，因此，盡管他懂得不少，卻都很淺薄。這種性格，不僅做事時如此，交朋友也如此。

　　一般而言，Ａ型雙子座交友廣闊，即使他只見過一、兩次面的人，也能像已相交了數十年的老友一樣，無所不談，但轉身後即與對方形同陌路，淪為泛泛之交，很少有推心置腹的知已。

　　一旦周圍的人際關係有了新的變化時，他會很擔心自己是否被別人所排斥，所以會仔細觀察，藉此建立新的人際網絡。他一方面害怕孤獨，一方面又跟人保持距離，是在交友的進與退之間頗為矛盾。

雙子座

◄❀ 愛情緣分～遊戲人間雖然刺激有趣，但真誠的愛才能長久

經常可以一心多用的Ａ型雙子座，在談戀愛時也不能免俗。他絕佳的口才能吸引不少異性的眼光，不過，他可不是會全心奉獻愛情的專情者。這種愛情級數相當高的人，絕不會有感情上的麻煩，因為他總能在快惹禍上身時緊急煞車。所以你只能咬牙切齒地看他在吃飯時，身邊陪伴的是一位美食家，而逛街時，身邊又換了一位服裝設計師……。終其一生，他不知道如何真心對待所愛的人，也不易墜入愛河，更難理解真愛的滋味。

■ 職場工作～資訊分析才能一流，但要磨練自己的專注力

Ａ型雙子座天生缺乏耐心，所以並不適合從事需要很大耐性以及日復一日的工作，那些光用體力而不用思考的工作更不適合。因為他具有行動敏捷、應對能力強的特性，如果無法能好好發揮，最後會淪為只能幫別人跑跑腿、傳遞訊息。Ａ型雙子座最大的利器就是對情報蒐集及運用分析的能力，在這個資訊爆炸的時代中，他有機會當上媒體寵兒。如果可以進入電子資訊產業，也會很吃香。不過因為他的性情善變，缺乏專注力，如果選擇一般實務的工作反而會朝三暮四。

● 金錢理財～為了交友所費不貲，到手財富順水流

Ａ型雙子座由於接受尖端的知識能力特別優異，無論做任何事情，都把滿足自己的求知欲擺在第一位，至於物質需要就列為次要。不過，由於他個性善變，耐性不足，經常使到手的財富又從手中溜走，加上交際應酬多，喜歡和朋友聊天交流，花錢難免如流水。Ａ型雙子座往往容易受到周圍事物、友人的影響，甚至被利用，捲入是非中，到時就要花更多的金錢、精力調解問題，不如平時耐住性子，能多存就多存一點，再蒐集投資相關的訊息，也能替自己投資獲利，何樂不為。

✻ **最佳情人**：天秤、水瓶、射手的Ｏ、ＡＢ型
✻ **知心好友**：雙子、白羊、獅子Ｂ、Ｏ、ＡＢ型
✻ **暗防敵人**：處女Ａ型、雙魚Ａ型

🐻 性格診斷～客觀分析能力佳，卻因此而難以決策

Ｂ型雙子座具有Ｂ型的隨和及雙子座的善於交際，兩者的結合，使他相當容易建立人脈關係。此外，能幹的他，不只是唸書和工作很在行，連運動、音樂的才能也是一等一。

然而，集優點於一身的Ｂ型雙子座，可能經常因一心多用而使自己到頭來一場空。他高估自己能力的傾向，加上會同時追求各種事物，最後可能只獲得「博而不精」的稱號。所以他應該立定目標，腳踏實地去實踐，最重要的是要好好發揮雙子座的冷靜判斷力和Ｂ型的行動力，使自己的目標更富於變化與創意。

Ｂ型雙子座的人很是機靈和討人喜歡，他的臉上總是洋溢著讓人放鬆的笑容。他好奇心重，善於接受新鮮事物，也愛結交新的朋友，因此無論年齡多大，總能保持年輕的心態。

別人或許會覺得Ｂ型雙子座整天窮忙，不知道他葫蘆裡究竟賣的什麼藥，可是在參與每件事時，他都能樂在其中。他最大的優點就是能屈能伸，絕不因一時受挫而懷憂喪志，雖然常因不同的事件表現不同的反應態度，但長期以來所堅持的原則及本質不變。

在Ｂ型雙子座的內心深處，隨時都保持著冷靜、理智，無論遇到重大的事件或行動，仍然能保持客觀的分析能力。性格可說是知性重於感性，理智勝過情感。如果深究Ｂ型雙子座的內心，你將會發現奇妙的一件事，在如此果斷的個性中，竟然也隱藏了優柔寡斷的一面。原因是他在分析事情時，很少流於偏頗，正因如此肯定一件事的正反兩面，反而使自己更難以決定取捨。

✿ 愛情緣分～從戀人身上吸收長處，感覺冷卻就畫上句點

好奇心旺盛的 B 型雙子座，常常不斷在更換對象，他可能會和完全不同類型的人交往。由於和任何人都能談得來，所以從不會讓對方先感到厭煩，不過最後決定畫上愛情上休止符的總是他。在別人看來，他是個玩弄愛情的高手，但他對每段戀愛可是相當認真的。對 B 型雙子座而言，他是把戀愛當成促進自我成長的一種手段，所以當戀愛開始冷卻時，也就是他已吸收完對方優點的時候了。因此，慎選對象是很重要的，選擇一個和他玩得起愛情遊戲的人，才不會誤己傷人！

💼 職場工作～身兼數職也能靈巧應變，不宜過度轉換跑道

B 型雙子座個性開朗，很容易就能與人打成一片，又很喜歡旅行，到各地去增廣見聞，進而樂於和別人分享知識。再加上雙子座語言表達能力很強，不論是外語或是溝通能力，都讓他走遍各國，無往不利，所以從事旅遊業或和語言交流相關行業是不錯的選擇。如果他擁有多分工作，也能應付得宜，假設能在本業之外，從事一些副業，不僅副業能做得不錯，甚至也能帶動本業的提升。但是，他不適合從事刻板、甚至無法與人交流互動的工作。要提醒自己，如果一再任性地轉換職業則有礙成功。

🍊 金錢理財～在人際關係下重本，吸收有效資訊應用生財

B 型雙子座的錢賺得快、花得也多，不過，挺幸運的一點，他天生擁有一個精打細算的腦筋，雖然對朋友出手大方，但還算懂得節制，不致蝕了老本。因此，財運雖然流動性大，但還算穩定。如果能利用自己掌握理財資訊的能力，靈活地處理自己的資金，或是找到一個值得信賴的委託人幫他管理，就可以減少繁瑣財務收支的憂心。此外，他廣結人脈的性格，也為自己帶來招財的契機，因為他懂得從朋友身上吸收有用的資訊，再轉而應用在實務生活中。

★ **最佳情人**：天秤、水瓶、射手的Ａ、Ｂ型
★ **知心好友**：雙子、白羊、獅子Ａ、Ｂ、Ｏ型
★ **暗防敵人**：處女ＡＢ型、雙魚ＡＢ型

性格診斷～想追求的目標太多，以致分散心力與努力

雙子座的理性思考，巧妙的口才，加上Ｏ型大方的氣度和行動力，使得Ｏ型雙子座常常都呈現出一種「大人物」的氣勢。

他旺盛的求知欲，在處理事情時，常能採取全方位的思考角度，並且有迅速下判斷的能力。充滿朝氣的人生態度，使他能活力充沛地遊走各個社交圈，並為所有人帶來陽光般地清新氣氛。

然而，雙子座的雙重靈魂也使他內心同時存在兩個世界。可能他對你說：「你真是一個好人！」時，心中想著：「其實你也太濫好人了吧！」如何運用與生俱來的理性能力去保持內心的平衡，恐怕是Ｏ型雙子座一生最重要的課題。

因為他心中無論何時都有兩個自我，一個沉靜，一個好動，或是一個逞強，一個懦弱，兩個極端的人格同時並存於內心，因此容易被各種情形所迷惑，尤其在做重要決定時，這種矛盾甚至分裂的性格，會使得他更無所適從，結果，往往是事到臨頭再草率地下決定。

Ｏ型雙子座這種獨特的雙面性格，如果不想做決定，最後會選擇同時追求兩個目標，不過，這樣精力自然會更分散，到最後，可能必須仰賴結局做出最終的決策，但這時已師老兵疲，耗費了許多時間與原有的資源。不過，他也常常出現在中途又改變心意。於是，人生的方向就在這一來一往之間不斷修改，雖然途中有所收穫，但反而離心中原來的理想目標漸行漸遠，建議還是把專注力放在同一個目標上，堅持下去，就會有值得期待的成果。

愛情緣分～懂得欣賞每個對象的好,卻難以專一以對

經常會有「這個人很好,但又捨不得另一個人」想法的O型雙子座,天生就是個多情種子,聰明的他,在經歷多次的戀愛後,總能讓自己學習到許多事情,有一番成長。此外,口才一流的他,在與舊愛揮別時,通常都極有說服力,所以即使分開也能持續良好的友誼,不過,萬一遇到一個講不聽的人,他恐怕也會失去耐心。基本上,占有欲太強的戀人都不適合他,那種若即若離或對於他的「博愛」交友空間能睜一眼、閉一眼的人,才能真正抓住他。

職場工作～多才多藝機靈應變,要學會確立人生目標

O型雙子座相當具有處理各種事情的天分,多才多藝的他,具備了廣泛的知識及敏捷的行動力,適合富於變化的職業,但是這項得天獨厚的條件並不能為他馬上帶來成功,因為他還缺乏努力、耐性,而運氣向來都不差的他,如果能再加強耐性,總有一天會爬上金字塔的頂端。三十歲後,應找到並確立自己的人生目標,並不要任意更換,只要能學著將眼光放長遠,而不只著眼於眼前的收穫,並堅持下去,這就是成功的要訣。

金錢理財～可選擇與人合作經營副業,不可投入投機事業

在工作上缺乏耐心的O型雙子座,在錢財方面也是如此。他一旦存錢到某個程度時,心裡便會開始盤算如何使用那筆錢,導致存款總是在增減之間徘徊。幸好他豐富的人脈,總會為他帶來利多的情報,可以好好利用這些金脈。因此,若是O型雙子座想經商致富,就必須選擇事業夥伴。因為他不適合獨立經營某種生意,卻適合跟別人合夥。即使經營副業,如果能將一分工作好好地經營下去,也算是一種成功。切記不要投資投機型的領域,風險越大的事物,越會吸走他原本的財運。

✱ 最佳情人：天秤、水瓶、射手的Ａ、Ｂ型
✱ 知心好友：雙子、白羊、獅子Ａ、Ｂ、ＡＢ型
✱ 暗防敵人：獅子Ｏ型、水瓶Ｏ型

🐻 性格診斷～吸收經驗能現學現賣，勿輕言他人是非

雙子座再加上ＡＢ型的組合，性格複雜可想而知，無論在任何情況下，他心中的多種聲音總是不斷地在掙扎、衝突。

隨機應變是他的本能，在任何條件下，他都有本事變出一個適合環境的自己。各種點子會不斷在他腦袋裡萌芽，而且一旦有必要，他還可以將這些點子化為犀利的言詞，讓敵人被批評的得措手不及。

由於他對很多事都有好奇心，而且一旦付諸實行，通常都能做得有聲有色，不過興致一過，熱情立刻降溫。總之，需要耐心等待結果的事他絕對不幹。過分的好奇，會讓人覺得他多管閒事；太過乾脆，又讓人覺得隨便；過於謹慎，更讓人覺得他莫測高深；這就是ＡＢ型雙子座給人的評語。

ＡＢ型雙子座其實學東西很快，一開頭便能抓住要領，而且可以現學現賣，只要一經吸收，通常都能融會貫通成為自己肚子裡的本領。應該好好利用自己這方面的天賦，在專業領域生根發芽、努力耕耘，就能為人生收得實績。

在做人處事上，ＡＢ型雙子座一定要要求自己內心跟外表要表現一致，如果有任何不同的意見就要學會多溝通，以免給人前後不一、富於心機的印象。

最好的方法是不要隨意議論別人是非，把握分寸，因為他一旦跟人處不好，就很容易會鑽進牛角尖，認為別人在惡意攻擊他而悶悶不樂，其實是他的圓滑過頭而給人不夠光明磊落的感覺所致。

🐟 愛情緣分～冷漠而又無情的愛情觀，永遠在尋尋覓覓之中

　　ＡＢ型雙子座的雙重性格在戀愛時，完全表露無遺，時而看他瘋狂愛戀，時而揮袖而去。他的戀愛方式稱之為遊戲，可能比較恰當一些。坦白說，他的愛情觀確實是冷漠又無情，這種態度經常會讓對方心灰意冷至極，也為愛情埋下揮之不去的陰影。事實上，理智永遠占據著ＡＢ型雙子座的心，他不會盲目跳入愛情的漩渦。冷靜的愛情觀，讓他永遠在尋尋覓覓之中。

💼 職場工作～冷靜度勢溝通長才，若無定性則一切都歸零

　　雙子座善於依情況隨機應變，ＡＢ型則可以冷靜地觀察情勢，所以ＡＢ型雙子座相當適合這個瞬息萬變的時代，找到合適自己發展的位置。隨時都在變動狀態的他，適合變化多端的工作，而溝通能力極佳的他，更是百萬年薪銷售員的最佳人選。因為他選擇工作的第一個條件就是自由，如果沒有了自由，再安穩能求利的工作也免談，即使因此須面對工作環境的波動與浮沉，他也不以為苦。但是，即使他找到了適合的職業，成功率可能也只有百分之五十，因為決定他能成功或失敗的關鍵，其實就在他能否擁有定性這一線之隔。

🍓 金錢理財～不願意為五斗米折腰，懂得運用資訊理財

　　因為對於金錢並無強大的欲望，只要夠用就好，所以花錢和賺錢一樣拿手的ＡＢ型雙子座，常常讓自己的存款數字載浮載沉。原本可以從副業中賺取可觀的財富，但若不懂得守成，一直讓自己處於變動的環境中，收入自然很難穩定。不過對他而言，金錢本來就只是資本，是創業、賺錢的道具，他並不會為了五斗米折腰，因為以他的聰明才智，進入每一個行業，都能習得箇中專業，從來不怕沒飯吃。其實他只要發揮吸收資訊的智慧，自己就是理財高手。

★ **最佳情人**：雙魚、水瓶、摩羯的Ｏ、ＡＢ型
★ **知心好友**：巨蟹、金牛、處女的Ｏ、ＡＢ型
★ **暗防敵人**：天秤Ｂ型、白羊Ｂ型

性格診斷～家庭是精神的支持，情緒變化大影響事業發展

Ａ型巨蟹座相當重視社會法規及生活規範。他喜歡踏實的生活，這種特性使他在日常生活中，充分表現出對家庭的熱愛。Ａ型巨蟹座必須以家庭為後盾才能發揮自己的能力，如果沒有一個和諧的家庭生活，他就有如失去盾甲保護的戰士，很快就會感到無力而棄械投降。

由於受到守護星月亮的影響，他相當敏感，甚至情緒化。這些特性在Ａ型巨蟹座的身上更為明顯。當他受到傷害時，防衛的本能使他很容易躲進自己的螃蟹殼裡，或以歇斯底里的態度逐退任何想侵犯他的人。

Ａ型巨蟹座重視家庭和朋友的程度，也遠比其他星座來得強烈，正因如此，他容易流露出偏袒親友及利己主義的本性，無論他置身在任何環境中，都只和自己情投意合、談得來的人交往，於是人際關係便顯得相對封閉，而對自己產生不利的影響，應多加留意。

平常，Ａ型巨蟹座溫和又樂於助人，是公認的好好先生。但是，一旦他因為某件事而不高興時，便會立刻板起臉孔，對人不理不睬，如果又一直鑽牛角尖，心情便愈加惡劣。其實，只要稍微控制一下自己的情緒，便會是一個很受歡迎的人物。

Ａ型巨蟹座如果身為一個主事者便須特別注意此點，否則會有失職的可能。而且旁人可能常會覺得Ａ型巨蟹座喜怒無常，因為只要一不開心，他就很難壓抑心中不斷翻攪的怒火，甚至會遷怒他人，讓身邊的人對他又愛又怕。

愛情緣分～因想結婚而戀愛，無微不至的付出是為了占有

　　A型巨蟹座一旦談戀愛都是為了結婚。因此，在交往時，他會自然而然把對方當成是未來結婚的對象來考慮。如果他認為對方不適合婚姻，或是無法得到親友的認同，即使心中萬分喜歡，也會打消念頭，斷然分開。A型巨蟹座在愛情上的另一個特點是：強烈的占有欲。因為他一旦投入，就會全心全意地呵護感情，所以希望對方也能夠完全把心思放在自己身上。因此，對於每一個交往的對象都應慎選，否則對方如背叛或不認同自己對感情未來的規畫，將會為自己帶來無可彌補的傷害。

職場工作～任何事都能堅持到底，情緒是唯一的致命傷

　　A型巨蟹座的忍耐力很強，無論從事什麼工作，都能堅持到底，貫徹始終，很少會有半途而廢的情形發生。如果和志同道合的朋友合作，更是如虎添翼，他的才能更能發揮。事實上，他也不適合獨當一面經營事業，最好能找一位能信任也能補自己不足的好幫手，一同讓事業穩定成長。由於A型巨蟹座熱愛家庭，所以也很合適從事與居家烹飪、室內設計相關的職業。不過，他的感情用事、主觀過強都可能成為工作上的致命傷，應特別小心！

金錢理財～踏實存錢晚年不愁，小心太精打細算被錢奴役

　　沒有什麼偏財運的A型巨蟹座，很會精打細算，凡事絕對貨比三家、錙銖必較，這也是他致富的主因。他的理財方式，是最沒有風險的，就是踏踏實實地把收入都放到銀行，如此安穩的理財方式，也讓他愈到晚年，經濟情況愈富裕，讓生活更舒適，是屬於積少成多的人。不過，為了避免開銷，他常常讓自己宅在家中，小心被冠上鐵公雞的封號，有時花點交際應酬費，是改善人際關係的必要手腕，也會讓自己性格更開朗、人生更開拓。

★ **最佳情人**：雙魚、水瓶、摩羯的O、ＡＢ型
★ **知心好友**：巨蟹、金牛、處女B、O、ＡＢ型
★ **暗防敵人**：天秤Ａ型、白羊Ａ型

🐻 性格診斷～對親友溫情以對，若太倚賴會限制交友視野

溫情派的 B 型巨蟹座，因為與生俱來的母性本能，所以看到別人的不幸，絕不會袖手旁觀，但也因為對人過度關心，以致有「管家婆」之稱。他和同伴大多能和睦相處，禍福與共，但是對於同伴以外的人卻防衛極深，難以敞開心胸、坦誠相對，兼具人情味和冷酷的一面。

超群的直覺和敏感是 B 型巨蟹座的主要性格特徵。他多半喜歡生活在旖旎的幻想中，也不大適應太快的生活節奏，而偏愛安謐的環境，以及一切能喚起他想像和感受的氛圍之處。這類人不願直接面對現實生活中的矛盾和衝突，他一直盡力讓自己將這些紛繁之事隔絕在外，以免心煩。

B 型巨蟹座雖相當感性，不過也導致他做事拖泥帶水，不夠乾脆，雖然他能同時接納兩種截然不同的意見，但也常因此造成矛盾、困擾，以致到最後總是分不清狀況，迷迷糊糊的。在現實環境之下，感情用事最後吃虧的是自己，要提醒自己：理性是最佳的防衛武器。

如果是 B 型巨蟹座的女性，要時刻提醒自己，修正不讓別人親近的自我保護心態。因為，心胸過於狹窄，會有損他迷人的風采。平易近人將使他的人際層次更寬廣，擁有更多的朋友。跟友人相處時，他經常會要求彼此推心置腹，覺得自己時刻需要友誼的滋潤，否則便覺孤單難受。不過，還是要試著品嘗寂寞，因為，別人有時會受不了他那種要求契合如一的親密關係。別忘了，再親密的朋友也需要有一點自由空間。

愛情緣分～為感情不惜赴湯蹈火，讓彼此都無法成長

　　談戀愛以結婚為前提的Ｂ型巨蟹座，不管對方如何有魅力，如果他認為對方不合乎他的理想，也不適合共同生活，仍會被他排拒在外。此外，Ｂ型巨蟹座為對方不惜犧牲的精神，也要小心對戀愛造成負面的影響。即使奉獻的一方也許能得到滿足，但被疼愛的一方卻未必感受相同，對方也許會因他的無所不在而厭煩，而且在不知不覺中也寵壞了情人，這對雙方可能都不是件好事，要知道彼此互相成長才是戀愛的穩定劑！

職場工作～在既有的基礎上穩定成長，創思力稍嫌不足

　　以Ｂ型巨蟹座的能力來看，創造力和策畫能力稍嫌不足，與其成為具有前瞻性的開拓者，不如尾隨在他人已開發好的道路上會更順利。他擅長扮演輔佐的角色，也具有卓越的實務經驗，建議從事大眾化的職業會更容易追隨前人成功的腳步。如果是Ｂ型巨蟹座的女性，可以開一家美容美髮店，另一個選擇是以能否照顧到孩子為思考，例如，成為家管保母或是到幼稚園擔任導師，都很合適。只要能在既有領域發展，巨蟹的穩定性可以讓他累積資歷，成為該領域的前輩，但前提是他有興趣或是有助家庭的工作才可以。

金錢理財～節省就是最保本的投資，別輕易言借親友

　　實際的Ｂ型巨蟹座有很卓越的金錢觀。不過，或許是因為太節省了，反而導致反作用。他平日捨不得花大錢買好貨，碰到大拍賣時便貪圖便宜買了一大堆用不著的東西回家，形同另一種浪費，這種行為實在是得不償失。另外，平常他捨不得的消遣娛樂，因壓抑過久，有時會因一時的衝動把好不容易節省下來的錢一股腦兒全花光。盡管他很會精打細算，但因個性善良，只要別人拜託他，就會把錢借給別人。小心！別讓好友把你存著不敢花的老本給拐跑了！

★ 最佳情人：雙魚、水瓶、摩羯的Ａ、Ｂ型
★ 知心好友：巨蟹、金牛、處女Ａ、Ｂ、Ｏ型
★ 暗防敵人：天秤ＡＢ型、白羊ＡＢ型

🐻 性格診斷～溫暖地照顧每一個人，實際上心中卻有分別

經典的巨蟹座性格：充滿母性大愛、犧牲精神，這些特性在Ｏ型巨蟹座身上仍能得到完整的發揮。所以只要有他在場，任何場合都會忽然昇高溫度，變得溫馨起來。而Ｏ型積極的特性，也使他在工作上表現傑出，非達到自己滿意的程度不可，因此，常獲得極高的評價。

不過，如果你以為Ｏ型巨蟹座對每個人都這麼情深意重的話，那你就錯了！他關懷的對象大都只限於自己人，至於其他人，他很少會由衷付出，甚至可能會依親疏遠近而等級遞減。

他是典型熱愛生活的人物，絕對不會產生與現實生活脫節的想法，盡管感情很豐富，卻不會流於空洞的理想主義，這或許是由於Ｏ型的緣故，所以Ｏ型巨蟹座更傾向於實利主義。

在現實生活中，他的適應能力很好，如果現實情況改變，也會隨之改變，不過，若現實生活沒變，他也絕不會主動改變現狀。

Ｏ型巨蟹座對勢力範圍的界限，區分得一清二楚，他很討厭別人闖入自己的生活領域中，在潛意識裡把自己的生活領域規畫很清晰，自己則成為這個範圍內的主宰。如果他是屬於「突變」的Ｏ型巨蟹座，經常會改變自己的生存方式，而適應新的形勢，一般而言的Ｏ型巨蟹座實際生活的態度和價值觀都相當保守，即使有部分的思想會改變成長，他仍然不會趨附潮流。

平時，他都很照顧身旁的人，但有時會過於固執於自我的主張，聽不進別人的建言，而造成人際關係的阻礙。

✵🐟 愛情緣分～太過專情，誤認幸福來自情人的反應

談戀愛時，會把對方擺第一，自己放在第二的O型巨蟹座，是那種會不惜一切把自己改造成對方喜歡類型的人。由於他所投注的心力超人一等，所以一旦失戀，除了傷痕歷久難平外，似乎也難以東山再起。因此，奉勸O型巨蟹座的癡情男女，對感情應抱持隨緣的態度，更要有「下一個會更好」的積極信念，別把失戀當成是世界末日。如果想和對方分手，就直接了當一點，別猶豫不決，否則只是助長了對方的傲慢和自私。因為他一直認為自己對幸福的滿足感完全來自對方的反應。

💼 職場工作～在任何環境都能發揮所長，但識人眼光太偏頗

容易情緒化的巨蟹座，幸好有了O型的調和，所以比起其他類型的巨蟹座具備了更強的環境適應力。因此，只要和實務生活有連帶關係的職業都很合適他，如果在比較自由的行業工作，便會變得施展不開。O型巨蟹座在工作上最不利的因素，便是缺乏知人之明的洞察力，他只憑初次印象來判斷，往往與真實情況有所出入。如果能盡量避免這些缺點，他天生就具有得天獨厚的能力，只要後天不斷地努力，成功是指日可待的事情。

🍊 金錢理財～保守型的理財專家，卻因人情而招致虧損

與其說O型巨蟹座的人會賺錢，不如說他對金錢運用得當。即使是最保守的存款方式，他也能巧妙地利用，使金錢如滾雪球般，愈來愈多，他簡直可以稱之為保守型的理財專家。假如O型巨蟹座在金錢上有了損失，必定是因為有其他人的介入。因為他對於錢財具有強烈的洞察力，對於人卻沒有識人之明，最常犯的錯誤，就是過分信賴別人，甚至委託別人管理財務而受騙。如果對人也能試著多理性評估，學會知人善任，如此在年老之後，事業必定會有一定的成就。至於投機性的事業，最好少碰為妙。

★ **最佳情人**：雙魚、水瓶、摩羯的Ａ、Ｂ型
★ **知心好友**：巨蟹、金牛、處女Ａ、Ｂ、ＡＢ型
★ **暗防敵人**：天秤Ｏ型、白羊Ｏ型

性格診斷～面對外界溫情主義，卻不讓他人走進內心

ＡＢ型巨蟹座像個大姐頭一樣，總是耐心為別人排解紛爭、解決問題。看起來和和氣氣的他，總是笑臉迎人，對於不喜歡的人，也鮮少表現出嫌惡感，「大事化小，小事化無」就是他的處世哲學。因此，他雖然熱心助人，卻不會好管閒事。在許多紛爭中，他都扮演著和平使者的角色。

然而，若是細究ＡＢ型巨蟹座的本性，你不難發現在他理性的外表下，其實情感才是他決策的標準。在外，他會盡力保護自己，儼然一副做好萬全準備的模樣，然而一回到家獨處時，他就會撤去所有的心防，此時若有任何事刺激了他，他的反應絕對非常強烈。

如果有人頻頻向ＡＢ型巨蟹座示好，表示要作更深一層的認識時，他會開始揣測對方的用意，整個人顯得很緊張，並急忙尋找方法以防別人侵入他的安全領域。

雖然外表上他很和氣，但實際上他的內心十分惶恐不安。或許就是因為如此小心翼翼，所以一旦被人探知心底的傷痛，或被人中傷，便難以壓抑傷心之情，而且，久久無法釋懷，如果一直無法平息憂傷的情緒，甚至有可能變得喜歡以言語刺傷別人來平復自己的內心。

跟ＡＢ型巨蟹座初識時，別人會認為他做人、做事有條有理，其實，他是個感性永遠占上風的人。ＡＢ型巨蟹座打開心房，以自然的態度面對周圍的人事，反而可以減少受到傷害的機會。

愛情緣分～看起來太理性冷漠，因太被動失去機會

　　ＡＢ型巨蟹座平常看起來很理性，對任何事都能客觀地分析，然而一旦熱情被引爆，便會一改平日的冷漠，全心全意對待對方，近乎忘我，所以旁人很容易就看出來他在戀愛中！不過，被動的他很難尋覓到真愛，常扮演單戀者的角色，或是被別人搶走心中的理想對象，卻只能暗自傷心落淚。盡管他多愁善感，對逝去的戀情卻不會過分依戀，這或許也是ＡＢ型巨蟹座獨有的特質吧！最好能收起過度保護自己的武裝，別因冷漠引起別人的誤解，而平白失去獲得真愛的機會。

職場工作～可將夢想築於現實，人生以家庭為主軸而受限

　　ＡＢ型巨蟹座具有將夢想帶進現實生活的天賦，換言之，他一切都以現實為最終考量，絕不會做一些空洞、不切實際的事，所以與實務面有關的工作最適合他。不過，在尋找職業時，ＡＢ型巨蟹座常會走上一段艱辛漫長的路，想要穩定下來似乎總是無法如願以償。最好能找一些跟實務生活密切配合的工作，或有關民生必需的職業，都大有可為，會讓自己的心更容易安定下來。此外，找工作前，還必須考慮到家庭的因素，因為以家庭為人生主軸的他，不可能選擇可能會偏離家庭的生活軌道的工作。

金錢理財～務實理財帶來安穩生活，承受不起投資風險

　　現實觀和生活觀都很務實的ＡＢ型巨蟹座，認為錢是辛苦工作賺來的，所以會非常慎重使用。而一心一意追求安定生活的他，也絕對承受不起投機所帶來的損失，最好遠離風險太大的投資。平心而論，ＡＢ型巨蟹座致富的唯一途徑就是儲蓄，量入為出是最穩當的聚財方法，有一定的儲蓄，晚年生活必可高枕無憂。此外，選擇信譽良好的股票投資、投資不動產，也都是不錯的致富之道。

★ **最佳情人**：白羊、射手、水瓶的Ｏ、ＡＢ型
★ **知心好友**：雙子、天秤、獅子的Ｏ、ＡＢ型
★ **暗防敵人**：天蠍Ｂ型、金牛Ｂ型

🐻 性格診斷～王者之風難掩野心，受到他人煽動而失判斷

要描述Ａ型獅子座的人相當容易，不需要太複雜、困難的字句，只要一句話：「請叫他國王（或是女王）！」外表上看來，他具有王者之風，有領導者的權威。事實上，他也是一個喜歡指揮別人，希望成為一個位高權重、受人稱許的領導人物。在孩提時代，儘管他在課業上沒有特別突出的表現，但在各種課外活動、遊戲之中，都能發揮出領導才能，使他大出風頭，成為老師、同學矚目的焦點，且因個性開朗，很受歡迎，人緣極佳。這種情形，直到長大以後依然如此，Ａ型獅子座永遠是站在浪頭的領導人物。

由於受到Ａ型自我克制力的影響，他比起其他類型的獅子座顯然收斂許多，也最能善解人意。而他重視正義的磊落個性，使其領袖氣質更具魅力，他努力工作的特性，也是其他人的典範。

不過，他喜好激進、譁眾取寵的個性卻是致命傷，而Ａ型在意他人眼光的特性，也使他受到挫折以後，便容易一蹶不振。不過，開朗的個性仍是他最大的特色，因為他深知唯有如此才能使自己更加耀眼。

在Ａ型獅子座中，也有少數人是Ａ型特徵較為顯著的，這類型的人大多時候會把野心藏在心裡，給人非常保守的印象。此外，心胸廣大，個性開朗是他的優點，但也正是他的弱點所在，因為這種性格容易受到周圍人的煽動及誘惑，無法抗拒別人的奉承和巴結。因而受到奉承的慫恿及諂媚，給了別人借刀殺人的機會，而自己可能仍渾然不知，任由別人利用、擺佈。

💧 愛情緣分～大膽追求積極去愛，人前放閃毫不忌諱

在愛情中，Ａ型獅子座會以Ａ型特有的奉獻精神付出，再以獅子座大膽、積極的方式追求。不過，他畢竟是國王（或女王），所以他總會認為對方為自己付出是應該的，所以常讓人覺得他交往前後怎麼好像判若兩人。他認為約會內容與方式應多采多姿，甚至喜歡引人側目。例如，他不會選擇在不起眼的地方約會，即使在眾人面前，也會毫不顧忌地表現親熱，非常大方，甚至會出現猶如演戲般的舉動，毫不在乎別人驚訝或嘲笑的眼光。

💼 職場工作～適合領導舞台，缺乏溝通驕兵必敗

喜歡站在眾人面前的Ａ型獅子座，經常扮演領導者的角色，但卻缺乏與別人溝通的耐心。奉勸最好能充分發揮Ａ型的特質，以Ａ型人敏銳、冷靜的頭腦來開創事業，成為成功的企業家或政治家將指日可待。但因為他不會配合別人腳步，只會站在最前頭發號施令，領導眾人向前邁進，所以適合能施展領導力的職業。不過，Ａ型獅子座有時過於獨斷獨行，如果能夠理性客觀評估現實，與他人合作必可發揮卓越的領導才能，成就一番大事業。

🍊 金錢理財～為了享受生活而儲蓄，轉眼間又為享受浪費

Ａ型獅子座絕不會為了省錢或儲蓄而克制自己購買名牌的欲望，因為他最厭惡小心眼及吝嗇鬼這一類的人，更無法忍受別人以為自己是此類的人，以致無形中養成用錢過分大方，任意浪費的不良習慣，反而被視為揮霍無度。無論價格再貴，他都會想先享受一番再說。如果能加強一點Ａ型保守理財的特質，有可能多存一點，但他基本上仍是為了花費而儲蓄，而非為了生活保障而儲蓄，所以不知不覺間又立刻花掉了，不容易累積成一筆財富。其實，量入為出才能使美好的生活過得久一點。

✱ 最佳情人：白羊、射手、水瓶的Ｏ、ＡＢ型
✱ 知心好友：雙子、天秤、獅子Ｂ、Ｏ、ＡＢ型
✱ 暗防敵人：天蠍Ａ型、金牛Ａ型

🐻 性格診斷～渴望成為擁有權勢地位者，惟需培養耐性

個性奔放的Ｂ型獅子座，心裡藏不住任何祕密，他從不壓抑自己的感受，感情起伏極大，像一座活火山一樣，隨時都有可能會爆發。他的自我表現欲很強，具有喜愛戲劇性或奢華事物的傾向，所以他不喜歡太平凡的生活，再加上Ｂ型的開放性格，使他的個人特色更為明顯。

Ｂ型獅子座喜歡把自己的情感完全表現出來毫不隱瞞，自我意識很強，情感也十分激烈，當然，身為獅子座天生便不甘於平淡，也具有大膽的行動力。

Ｂ型獅子座的思想極富彈性，行事總是鋒芒畢露，相當耀眼，在一群人當中經常成為眾人注目的焦點。因為他對於未來很具企圖心，非常重視權力與名聲，因此，Ｂ型獅子座通常都能出人頭地，在各種事業競爭上，也總是顯得出類拔萃。

因為多數Ｂ型的人，都具有廣泛的興趣，而獅子座則不然，所以Ｂ型獅子座在評估過種種是否能達到成功的考慮之下，興趣和目標的範圍便自然而然地縮小了。一旦決定目標之後，Ｂ型獅子座便會奮力前進，不畏所有的困難與阻礙。即使失敗了，也有再度站起來的信心及勇氣。

不過，他對於需要孜孜不倦付出努力的事物深感棘手，因為缺乏耐心的他，是不可能長期只專注於同樣一件事的。Ｂ型獅子座投入一件事情時，是因為先看到後面璀璨的成果，如果長時間下未有成效，他也會寧願換作其他較能看到實際成效的夢。

愛情緣分～因耀眼而有戀愛優勢，但掌控欲讓人壓力大

在眾人之中，永遠最醒目的 B 型獅子座，就算自己不刻意，也常會引來異性的注意，甚至有人願意為他赴湯蹈火。不論在何種場合，他總是非常受人歡迎，但切記別因此玩弄對方的感情，否則後果要自行負責！一進入戀愛關係的他，最初可能溫順而聽話，但漸漸地，獅子座的領導欲便會慢慢浮現出來，造成情人相當大的壓力。建議他別表現太過分，否則過於爽朗、直言不諱的個性，在戀愛關係中也有可能成為負面的敗因！

職場工作～天生不甘於平凡，勿因野心擴張而招敗

B 型強烈的個性，加上獅子座的大膽，使他天生便不甘於只是一般的職員。與其在大公司上班，不如自立門戶。此外，他應該避免做事務性及單調乏味的工作，那可能會使他意志消沉。由於個性外向，再加上創造力不凡，很能掌握時代尖端的最新資訊，因此，在考慮職業時，也可以選擇大眾傳播或廣告策畫等新興的行業。如果希望藝術天分得以發揮，設計業也是個不錯的選擇。如果想經營自己的事業，必須謹記在心：切勿因過分擴充而招致失敗。

金錢理財～有生財之道，卻被投資風險左右財務狀況

樂觀且具決斷力的 B 型獅子座，總是過度大方地使用金錢。他不太肯花腦筋在細微的收支計算上，即使經營公司出現赤字，也不太會煩惱，因此會是個讓員工捏一把冷汗的老闆。雖然他有生財之道，但所賺來的錢很少會想到要拿去定存，總認為應該讓錢滾錢，通常他會把盈餘再投入其他的工作或事業，是個典型的企業家人物。不過，他做生意的運氣時好時壞，也許上筆生意大賺，下一筆卻敗得一塌糊塗，甚至虧損連連，債務纏身，這是 B 型獅子座的人在作生意時經常碰到的情況。

* **最佳情人**：白羊、射手、水瓶的Ａ、Ｂ型
* **知心好友**：雙子、天秤、獅子Ａ、Ｂ、Ｏ型
* **暗防敵人**：天蠍ＡＢ型、金牛ＡＢ型

🐻 性格診斷～把人生當成自己的舞台，逐行己願獨裁獨斷

心胸寬大、不拘小節，是Ｏ型獅子座最吸引人的魅力之處。如果他是一位主管，對部屬的過失不會太計較，還會運用巧妙的技巧讓部屬自行反省；若是遇到意志消沉的朋友，他更會以天生爽朗的個性來激勵對方，完全展現出太陽星座特有的氣度與胸襟。

Ｏ型直率明朗的特質正好和獅子座非常吻合的，因此Ｏ型獅子座的個性十分坦誠磊落，喜歡直話直說，行事果斷乾脆，善於創新、敢於突破。

然而，充滿活力的他，在行動的同時，也總不忘自吹自擂一番，不禁讓人懷疑起他的動機。而隨著地位的提升，他自滿、驕傲的傾向也越明顯。他總是把世界看作是自己的大舞台，即使演著獨角戲也不在乎，這種舉動經常使周圍的人相當不滿，他自己卻渾然不覺。獅子座的烈焰和Ｏ型的獨裁在他身上有如火上加油。

身為獅子座的他，無法忍受充滿灰暗並且行動躊躇的人生，無論何時都想擁有戲劇化的人生，在他的觀念中，如果沒法滿足虛榮的自尊心就失去人生的意義。

在這種組合下的Ｏ型獅子座，具有「雖千萬人吾往矣」的勇氣。經常會有路見不平、拔刀相助的行動。當他已經經歷過某種挑戰，就會想朝下一種挑戰邁進，不允許自己停留在原地，因為內心的驕傲不容許他一再重複做相同的事。雖然天生具有領導者的姿態，不過如果對自傲及囂張的氣焰渾然無所覺，很容易讓人對他原先善意的出發點產生誤解。

✦C✦ 愛情緣分～太重視條件，以至於無法覓得真愛

如果沒有如夢似幻的愛情，便覺得不像是談戀愛的O型獅子座，是那種會在約會時，把自己打扮得漂漂亮亮，等著對方開著跑車來接送的人。所以他每次談戀愛總是所費不貲，以致經常債台高築。為了滿足他華麗的戀情，對於不符合「三高條件」的對象根本不屑一顧，因此，有時反而難以受到愛神的眷顧。其實，O型獅子座是很適合溫文、有包容力的年齡稍長者，如果他能拋開在意的外在條件，以更成熟的眼光來看待異性，就不難找到真愛！

💼 職場工作～在各行各業皆能發光，唯缺團隊精神

活潑的獅子座加上自我表現欲特強的O型，使他在人前一向沒有膽怯這回事，他總是能大方展露自己的才華。所以樸實無華的工作並不適合他，因為他對沒有機會引人注意的工作，容易生厭。最好能從事可吸引眾人注意力的工作，才能感受到時時被人注目的樂趣；或是充分運用優秀的領導才能，成為創業者或管理者。若是在意工作時的自由度，他可以利用得天獨厚的藝術氣質，從事與藝術有關的工作，必能勝任愉快。不過，在一個團體中，應時時提醒自己注意團隊精神，以免被視為異端。

🍓 金錢理財～天生受財神眷顧，卻因盡情享樂而致財務危機

可以不費吹灰之力，就獲得從天上掉下來的禮物的O型獅子座，財運好時擋也擋不住。若是能充分發揮O型冷靜及敏捷的行動力，就不會讓好運氣白白溜走了。此外，O型獅子座的儲蓄觀念淡薄，所賺的錢總是迅速地花光，為了盡情玩樂甚至借錢度日也在所不惜，最後才拼命工作來填補虧空。想過著理想的生活之前，必須先懂得平時積蓄的重要，若財運旺時，不加以儲蓄，到窮困潦倒之時，還是無法回歸樸實生活，才是人生真正的無底深淵。

★ 最佳情人：白羊、射手、水瓶的Ａ、Ｂ型
★ 知心好友：雙子、天秤、獅子Ａ、Ｂ、ＡＢ型
★ 暗防敵人：天蠍Ｏ型、金牛Ｏ型

🐻 性格診斷～人群中最亮眼的一顆星，卻不為人真正了解

給人感覺像一頭巨獅的ＡＢ型獅子座，最厲害的一點是，他雖然給人威嚴印象，但卻非難以接近。與人相處時，他顯得和藹可親，談笑風生；該嚴肅時，他也能立刻收起笑容，令人望而生畏。

在人群中，他永遠是最顯眼的明星，總有一套可以使自己大出鋒頭的哲學，而這些多半是靠著天生氣質造就而成。而且，他對別人的請求從不推託，頗具仕紳名流、善心人士的風度。

不過，如果自己的付出，得不到別人的回報，他便會收起和氣的態度。事實上，雖然他表面上冷靜、理智、開朗大方，但為了在人前維持這些正面的特質，卻反而讓自己成為世界上最寂寞的人。

ＡＢ型獅子座的人懂得保持風度，絕不跟他人正面衝突。並會把不滿的情緒隱藏得很好，這是他圓滑世故的一面。但是，其實他的內心一點也不冷靜，總是暗潮洶湧，不論外界如何批評，從不承認自己的意見有錯，也因此常給人自以為是的感覺。

其實他只是太在意別人看法，因此只要別人讚美就會過度陶醉，對別人的批評卻充耳不聞，這種盲目也常令自己感到迷惘，卻又無法放下自尊真正地自省。

如果人生是一齣戲，ＡＢ型獅子座的人就永遠活在自己的舞臺上，演著一齣獨角戲。如果太在乎一時的勝負之爭，只會讓自己孤寂終生，卻得不到別人真正的了解。

✦ 愛情緣分～選擇外型與內在皆匹配的對象，看重眾人觀感

　　ＡＢ型獅子座談戀愛的對象必定要經過精挑細選，談戀愛的方式就是竭盡所能地把愛情裝飾的很華麗，並將一切的體驗拿來宣告世人。他是個情場上的佼佼者。在戀愛的過程中，也十分有技巧，經常時而冷淡，時而熱情，緊緊扣住對方的心。猶如對人生的要求，他的情人也必須是在精神或外在皆能與他相稱，如此才能受到眾人的讚美與祝福。一旦ＡＢ型獅子座愛上某個人，就會愛得很深，只是不見得會展現出自己的在乎，其實是顆多情種子。

💼 職場工作～喜歡受到眾人的注目，卻不沉溺於名氣中

　　獅子座的本質就是喜歡沐浴在眾人的掌聲之中，所以如果從事不引人注目的工作，反而會令他感到緊張有壓力。盡管他喜歡處在聚光燈下，ＡＢ型的冷靜卻能使他免於沉溺在名氣浮雲中，而不畏失敗的他，也很容易為自己闖出一片天地。在大公司裡，當個名不見經傳的小人物，是他最無法忍受的事情，不過，在一波又一浪的變化中，他總會找到屬於自己的機會和發展空間。要特別提醒的是，在嚴以律己的同時，更要學會寬以待人，對事業會有莫大助益。

🍓 金錢理財～財運變化非常極端，完全看個人努力程度

　　ＡＢ型獅子座的財運變化相當極端，如同他的ＡＢ型兩極化的性格一般，不是大富大貴，就是三餐不繼，二者之間完全視個人投入多少努力而定。如果他只要求平淡地過一生，財運便會沒落，假如能積極爭取，憑ＡＢ型獅子座的聰明才智，成功的機會可說是比誰都高。或許有財務困頓的時候，但好挑戰的他，總會立刻想辦法賺回來，也許就是這樣的個性替他帶來好財運吧！他的眼光非常遠大，並不拘泥於眼前的小利，只要好好努力，準會有一筆穩定的財富進帳。

★ **最佳情人**：金牛、摩羯、雙魚的Ｏ、ＡＢ型
★ **知心好友**：處女、巨蟹、天蠍的Ｏ、ＡＢ型
★ **暗防敵人**：射手Ｂ型、雙子Ｂ型

🐻 性格診斷～謹言慎行追求完美，喜歡批判讓人敬而遠之

　　Ａ型與處女座的搭配，在血型中的氣質與占星學的性格是最為吻合的組合。兩者同樣追求完美、行為謹慎、工作勤奮、注意瑣事、擅長分析，Ａ型更加強了處女座的所有特性。

　　Ａ型處女座誠如其名，具有無比純潔的心靈，也經常夾在現實與理想之間非常痛苦。但是他過度的潔癖，以及嚴苛的標準，往往令人受不了，銳利的批判標準總會讓他的嘴巴得罪不少人。

　　一般而言，Ａ型處女座喜歡遵從禮教的規範，比較保守傳統。若能發揮其優點，則可以成為一個守禮守分且有教養的人；若是過度講求禮教，反而會給人過於嚴肅的距離感，令人難以親近。他這種對原則過分堅持的脾氣，難免給人不通情達理的感覺，讓人敬而遠之。

　　即使他總是用超高標檢視自己與眾人，但Ａ型處女座完全沒有搶功好利的毛病，因為他清楚地瞭解自己的能力所在，懂得做好分內的事，因此能淡薄名利，頗有君子風度。

　　Ａ型處女座對人也有無私的關懷之心，看到需要幫助的人，一定會盡力去資助他、關心他，而不求任何回報。

　　此外，處女座再加上Ａ型人的學習心極強，不過，對於自己不認同的事物，會消極地抵制。在吹毛求疵的同時，無法接受別人的嚴厲指責或批評，輕則會口出惡言，顯露出歇斯底里的反應。如果能把性格上的優點善加發揮，則必能明哲保身，造就自己。如果往缺點發展，則會成為狹隘的守舊主義者。

❖ 愛情緣分～對愛情的理想太崇高，而錯失戀愛時機

A型處女座的愛情觀是屬於守株待兔型的。由於他對愛情的理想相當高，再加上A型的保守，使他對愛情一直停留在浪漫的唯美小說情節中。凡事挑剔的他會要求對方一切都要符合自己理想的框架，大至每天的行動，小至擠牙膏的方法，都在他列管的範圍內，讓歷屆情人最後都難以忍受，只好離他遠去。A型處女座不善表達情感的個性，也是讓人難以接受的原因。其實他談戀愛都是出自真心誠意，十分專情，會關懷對方的一切，為對方做無私的奉獻，溫柔體貼的心意也會令對方感動不已。

💼 職場工作～老闆不可或缺的左右手，如安於現狀則發展遲緩

A型處女座具有卓越的辦事能力，因此，頗得老闆及同儕的肯定。在團體裡，他是屬於多做事少說話的人，雖不耀眼，但卻是不可或缺的角色。不過，他安於現狀、默默耕耘的特質，可能難以肩挑大樑。他過於慎重的性格，野心不大，一輩子只想守著一個小小的志向，恐怕很難有輝煌的成就。建議處女座A型的人：除了腳踏實地默默耕耘之外，也應擁有遠大的志向及魄力，才有可能讓事業更上一層樓。

🍓 金錢理財～平時節省用度，但會捐錢給慈善團體

A型處女座是一位懂得未雨綢繆、平日節省用度的人，直到存到一筆相當的數目時，才會覺得未來的生活無憂，可以安心地過日子。但只要他有充分的理由，就會當用則用，大開「錢戒」。一旦遇到生活困苦的人，或有急需用錢的朋友向人借錢時，也願意慷慨解囊。不過愛幻想的浪漫性格，有可能將錢投注於室內裝設和精品上，如有額外的開支，有時候計畫性的投資還是必要的，可讓自己有更多的資金可運用、分配。

處女座 **B** 型

★ **最佳情人**：金牛、摩羯、雙魚的Ｏ、ＡＢ型
★ **知心好友**：處女、巨蟹、天蠍Ｂ、Ｏ、ＡＢ型
★ **暗防敵人**：射手Ａ型、雙子Ａ型

性格診斷～在理性與直覺間內心交戰，工作嚴謹生活懶散

B型處女座的內心經常有兩種想法在交戰，因為他的處女座性格與B型特質是完全背道而馳的。所以表面上看來，他樂觀而開朗，一副吊兒郎當的樣子，但是處理事情，仍不脫處女座小心謹慎的作風。

B型處女座不愛表現自我，他往往在經過一番思想上的掙扎後，最後仍遵循傳統形式與習慣。另外，這一型的人還具有旺盛的求知欲與對研究的熱誠，他對於分析各種事物背後的成因非常有興趣，屬於學者型的人物。

此外，B型處女座做事非常有條理、有計畫而且謹慎，最厭惡半途而廢，無法貫徹始終的人。而B型與處女座性格交織而成的矛盾衝突，時時在心中激蕩，使他在執行時經常會對自己的決策懷疑，不斷地瞻前顧後，往往造成心煩意亂、猶豫不決的情況。

與B型處女座初相識，可能會覺得他很樂觀，快人快語，容易相處，而事實上，他的內心深處卻隱藏了過分謹慎的一面。試想，聊天時，他是否常分享同學朋友們的一些想法，卻極少把自己的事告訴別人，尤其是關於感受方面。

面對務實的生活，處女座B型對於工作絕不會偷工減料，一定會規規矩矩地完成它，而且如果沒有親自做好，便覺得不放心。但換成日常生活中的瑣事，就大不相同了，他經常會丟三落四，要不就迷迷糊糊，而顯得有點兒懶散。

❤️ 愛情緣分～重視彼此智識共鳴，太愛追究細節而扼殺情趣

擅長冷靜分析的 B 型處女座，常會因此錯過很多良機。一旦他覺得能跟對方分享知識及人生觀，就會感到相當滿足。雖然如此，具有 B 型浪漫性格的他，一旦開始談戀愛，便會沉溺於愛情的狂熱中，腦中浮現的盡是戀人的音容笑貌。可是，當感情一旦進入成熟期之後，恐怕又會恢復他的冷靜原貌，而他卓越的記憶力也帶來不少殺傷力。「那時你不是這樣說的嗎？」這類質疑會成為他的口頭禪，其實學會體諒對方、凡事不要太追根究柢才能建立互信的關係。

💼 職場工作～實務能力令人讚賞，對工作卻缺乏野心

B 型處女座具有處女座實務方面的卓越能力，所以他的計算能力很強。但由於 B 型奔放的氣質影響，使他盡管在這些方面表現良好，卻無法打從心底熱衷實務的工作。有不少 B 型處女座的人有相當不錯的文筆，因為面對不符合他理想中的世界，總有許多觀點想表達。不過，如果 B 型氣質勝過處女座的氣質，那情形又有所不同了。他會更不適合需要耗費過多體力，以及細微繁瑣的工作。當 B 型處女座年紀漸長之後，職位會愈趨穩定，不過，到了一定的程度時，便不再往上提昇自我，相當可惜。

🍓 金錢理財～花錢以直覺為考量，不會嘗試風險投資

如果金錢是一艘有助於人生乘風破浪的船，那麼 B 型處女座可能會因為害怕溺水而把船建得更牢固。對他而言，花錢與否完全是以必要需求為原則。如果是能使生活更舒適的必需品，或能滿足求知欲的書，他會不吝花錢。平時的花費及儲蓄，都有一定的計畫，是個勤儉致富的人。由於他這種良好習慣，財運隨著年齡的增加顯得更加旺盛，但不會輕易嘗試風險投資。

★ **最佳情人**：金牛、摩羯、雙魚的Ａ、Ｂ型
★ **知心好友**：處女、巨蟹、天蠍Ａ、Ｂ、Ｏ型
★ **暗防敵人**：射手ＡＢ型、雙子ＡＢ型

性格診斷～無懈可擊的思考決策，不近人情而失人心

天生循規蹈矩的Ｏ型處女座，不但腦筋靈活，而且處理事情的能力一流。他也具有Ｏ型直爽的一面，只是冷靜、理性的處女座在行動之前，總會三思而行，因此他的決策與執行會給人無懈可擊的感覺，也掩蓋了Ｏ型的熱情。

由於他嚴以律己，所以對別人也抱著頗為嚴厲的批判態度，他總會睜大眼睛，明白地對他人的敷衍了事表示不滿。對自己及他人的嚴格要求也造成了一種病態的潔癖，凡事都喜歡清清爽爽、乾乾淨淨。這種傾向造就了一個優秀的企畫人才，和一個神經質的Ｏ型處女座。

由於他的判斷是經過冷眼旁觀的證明，所以分析相當具有客觀性。但是，如果只注意細節部分，拘泥於旁枝末節，難免會忽略了整體的局面，顧此失彼，所以，唯有發揮Ｏ型的積極行動性，才能彌補這項缺點。不過，如果對事情太認真，表現得太強硬，就會被別人認為是難以取悅的傢伙。而且處女座的神經質，經常會顯露出不容別人有過錯的狹隘心理。若是能夠發揮Ｏ型圓滑特性，就可將處女座的神經質隱藏起來，如此一來，人際關係才能處理得更為圓滿、和諧。

其實，Ｏ型處女座是清純且浪漫的人。他就彷彿源源不斷的清泉，無論置身於任何環境，都能保持泉水般的潔淨。那些被看作心胸狹窄的行為，不過是想保持自己內心的純淨，不使它受到污染罷了。要警惕自己：若是過於以自我為中心，就會顯得不近人情，並且失去帶給別人快樂的機會。

愛情緣分～小心翼翼的擇偶，一旦投入就聽從對方

　　O型處女座總是小心翼翼地選擇對象，然而一旦投入了，便會相當認真，同時，由於他強烈抱著女性要讓男性保護的想法，所以O型處女座大都比較喜愛讓男性主導的愛情。儘管他在愛情方面有超乎現實的表現，然而一旦面臨理想與現實間的差異時，他卻會毫不猶豫地放棄愛情，屈就於現實。無論他的人生經驗是多麼豐富，深藏在心中的單純，永遠也不會被捨棄。由於他害怕受到傷害，所以對那種沒有結果的戀愛，或阻礙很多的戀愛，都是打從心裡排斥，因此讓自己失去了體驗浪漫的機會。

職場工作～適合在大公司生存，要突破自己保守的眼界

　　頭腦靈光的O型處女座，具有過人的分析、企畫及語言能力，而且態度沉著，很適合生存在組織嚴密的大公司裡。若是獨立工作或創業當老闆，這樣會對神經質的他造成疲勞轟炸。因為他頭腦甚好，處理事情冷靜沉著，思維周密，而且頗具韌性，具備了這些優異的條件，無論從事任何行業，只要努力耕耘，總能獲得某種程度的成就。不過，若是想獲得更進一步的成功，就必須突破自己保守固執的個性，以寬宏的度量和眼光來衡量未來想要的人生。

金錢理財～每日收支算得清清楚楚，因好面子而揮金如土

　　財運普通的O型處女座，很難有一夜致富的機會。不過，他特出的計算分析能力卻彌補了這種弱勢。如果能積極與人交往，多方蒐集投資理財的資訊，也會有致富的機會。他會把生活收入和支出區分得清清楚楚，不但不奢侈浪費，而且還把部分收入謹慎地儲蓄起來，以備它日之需。不過O型處女座的自尊心非常強烈，他總會擔心別人的評價，為了面子的好看與否，偶爾會有揮金如土的情形出現。

✱ **最佳情人**：金牛、摩羯、雙魚的Ａ、Ｂ型
✱ **知心好友**：處女、巨蟹、天蠍Ａ、Ｂ、ＡＢ型
✱ **暗防敵人**：射手Ｏ型、雙子Ｏ型

性格診斷～老闆搶著要的人才，卻因吹毛求疵受人詬病

處女座的批判精神，加上ＡＢ型獨特敏銳的分析能力，成就了凡事都能周詳計畫、預估得失，然後再付諸行動的ＡＢ型處女座。

他的求知欲極強，對任何事都非常認真，有時顯得吹毛求疵，令人不敢恭維。不過，他的細心及自我要求，使他在就業市場上的行情居高不下。如果有一天他的事業慘遭滑鐵盧，那麼肯定不是他的疏失，八成是老闆不會欣賞！不過，他過分執著於原則，也給人古板、不通人情的印象。主觀的批判態度，也常讓他被孤立，或陷入口舌之爭中。

如果跟ＡＢ型處女座共事的人愛打馬虎眼，他一定很受不了，因為，他是那種做事不能有一點疏失、遺漏的人，否則，就會覺得良心不安。如此講究工作品質的人，在踏入社會之後，將是各行各業的熱門人物，每個公司都搶著要，由於他的細心及自我要求，總是在工作上力求完善，自然使上司對他的表現讚賞有加。總之，ＡＢ型處女座是個心細如絲的人，工作的態度總是那麼敬業，幾乎是個接近完美的人。

此外，ＡＢ型處女座對事情的應變能力頗強，處理事務的能力也是一流的，對於突發的狀況他通常能應付得當，不留破綻。不過，由於過分執著，他對別人要求太嚴厲，常會讓別人承受不了，因此得到的批評自然也不少。其實在ＡＢ型處女座冷漠的外表下，內心卻是充滿幻想的。只要把內心的感性稍微釋出，綜合一下剛硬的外表，別人會驚歎他竟是一個如此有內涵的人。

愛情緣分～對愛情嚴肅以對，不斷考驗對方的資格

ＡＢ型的理性和處女座的堅貞，在愛情上發揮得淋漓盡致。對他而言，愛情是很嚴肅的，他無法考慮玩票式的戀愛，更不會主動表白，一定要靜待到對方察覺到自己的心意為止。他具有透析對方個性的冷靜特質，所以絕不會喜歡上不適合自己的人。即使對方多麼優秀，他也一併列為拒絕往來戶。不過，兩人相處的愈久，缺點就愈加醒目，對方可能因為他的一板一眼和太理想化而喘不過氣來，以致造成相處時壓力過大，最後也許會走上分手一途。

職場工作～無法配合他人步調，最好能盡早獨立作業

ＡＢ型處女座應善用冷靜的分析才能，盡早培養獨立作業能力。由於他步調極快，即使希望別人配合，恐怕別人也跟不上他，加上他生性好靜，不喜歡受干擾，所以很適合ＳＯＨＯ族的工作。更重要的是，他是個很怕吵的人，一旦受到干擾，就真的成不了事，所以應盡量避免。還有一點要提醒ＡＢ型處女座，在求學時代應多花些功夫準備考試，如果能在此階段取得所需要的背景或學位，將會使自己一生受用不盡！因為他並不是很好相處的合作夥伴，若能早日獨當一面創立事業，更有利人生的發展。

金錢理財～完全靠自己能力賺錢，輕視投資生財

ＡＢ型的處女座完全靠自己能力賺錢，並且再原封不動地把錢放進銀行，盡管生活不會很富裕，但絕對有應付突發狀況的能力。有崇高精神潔癖的他，總認為錢是俗氣的，所以他寧可把錢花在精神生活的享受上，也不會從事投機的投資。ＡＢ型的人多半存有一種觀念，認為錢財乃身外之物，花那麼多時間去追求簡直是愚蠢的行為，他從不夢想有朝一日能過著榮華富貴的生活，只想擁有簡單安逸的日子。

★ 最佳情人：雙子、水瓶、白羊的Ｏ、ＡＢ型
★ 知心好友：獅子、天秤、射手的Ｏ、ＡＢ型
★ 暗防敵人：摩羯Ｂ型、巨蟹Ｂ型

性格診斷～凡事皆採中庸之道，不喜歡受限的感覺

精采、優雅地過一生是Ａ型天秤座生活最大的宗旨。為了留給別人美好的印象，他最不喜歡和人爭辯，凡事都採取中庸的立場，當面臨選擇性的問題時，他通常都不會立即回答。就算回答了，你總會千篇一律地聽到他說：「都可以」。

他總會讓自己的天秤維持在最適當的角度。盡管有優柔寡斷的毛病，仍深受歡迎。因其合適的應對進退讓周圍的人如沐春風，洗練的談吐，更使人樂於與他交談。然而，在他優雅的外表下，卻喜歡以外表作為評價他人的標準，所以容易會有受騙的經驗，是一個相當容易受一時觀感左右的人。

Ａ型與天秤座的特性，也有許多背道而弛的地方。Ａ型的人認為只有按步就班往人生的目標前進，生活才會有充實、安心的感覺，也才能肯定人生的價值。

但天秤座卻有熱愛自由，不喜拘束的特徵。希望在悠閒自得的生活中，安於享樂，想到哪裡就到哪裡，不被周密的計畫綁死。擁有如此不同性格的Ａ型天秤座，在哪種境況下呈現出安穩或浮動的特質，就看當時的情況而定。

如果同時他出現Ａ型的嚴肅拘謹，及天秤座的散漫無紀則會成為一個不易相處的人。而且他的自尊心極強，有任何缺點一經別人當場指正，會立刻惱羞成怒，態度轉而十分強硬，更別說接受別人的忠告了。因此，有時他會給人任性而不講理的感覺，太過世故的應對進退，也讓人感到缺乏人情味。

 愛情緣分～為戀愛而戀愛，重視愛情付出與回收是否平衡

　　Ａ型天秤座是典型為戀愛而戀愛的人，他總要身旁有個伴，才有安全感。Ａ型天秤座無論男女，大都魅力十足，不需煞費苦心，愛情就唾手可得，加上他對時尚打扮的敏銳嗅覺，堪稱情場上的箇中高手。就如同天秤的兩端必須等重才能平衡一般，他認為愛的付出和收穫應是相對的，所以一廂情願地奉獻而不求回報，他是做不到的，他最常掛在嘴上的話就是：「我為你做這麼多，你這樣對我太不公平了！」儘管如此，只要一進入熱戀，他仍會流露出滿溢的感情，並明瞭如何讓情人滿足，快樂地談戀愛。

職場工作～能力強卻不夠積極，三十歲左右成就定終生

　　工作能力不錯的Ａ型天秤座，由於凡事缺乏積極性，所以總是給人散漫的感覺。所以，為自己找一分興趣相投的工作很重要，這樣他才會認真投入工作。再加上他很重視外在的形象，所以也不適合勞力型的工作，環境必須優雅自得，才能如魚得水。在工作運勢方面，他還算穩定，少有波折，在事業的發展上屬於中年運，三十歲之後是他成功與否的關鍵，同時也影響了晚年的成功與安定。三十歲左右時，如果能全力以赴衝刺一番，將會有一番成就。但如果不幸走錯路，或者努力不夠，就要平平淡淡地度過一生了。

金錢理財～懂得如何願用金錢，卻偶爾浪費成性

　　喜歡舒適生活、社交一流的Ａ型天秤座，自然是浪費成癖，加上他又不願辛苦工作，手邊有大筆存款的機率當然非常的低。若能趁早意識到自己這種無財可理傾向，仍是大有可為。雖然他懂得如何妥善運用金錢，但絕不會為了儲蓄而節省開支，只要手頭稍微寬裕一些，就想好好地享受一番，例如逛街買衣服，及添購家俱等，往往出手很大方，花費也頗為可觀。此外，他花在交際應酬上的金錢也應有所節制。

★ 最佳情人：雙子、水瓶、白羊的Ｏ、ＡＢ型
★ 知心好友：獅子、天秤、射手Ｂ、Ｏ、ＡＢ型
★ 暗防敵人：摩羯Ａ型、巨蟹Ａ型

性格診斷～思考客觀判斷公正，顧慮太多而優柔寡斷

Ｂ型天秤座兼具客觀思考與公正的判斷力，他雖是現實型的人，卻又具有重視外表和不在意周圍眼光的兩種極端個性。

Ｂ型特性原是性情多變、感情起伏劇烈的類型，但天秤座理性的思考方式卻能將這種特性壓抑下來。所以盡管他內心經常會激烈翻騰，卻能理智地控制感情，而且不為別人所發覺。

天性樂觀的他，即使曾經有過艱苦的歲月，卻很難在他臉上留下痕跡。此外，他和任何人都很談得來，很少會樹立敵人，是受朋友擁戴的一位彬彬君子。

他喜歡過著悠閒的生活，對於過分辛苦的工作，絕不會去參與，在他的觀念中，勞心勞力地去做苦差事，有違自己對美的定義，甚至覺得自己得以勞力求生存有傷自尊。

Ｂ型天秤座處世相當圓滑，希望跟每個人都能成為朋友。不過，要小心的是過分的圓滑，容易被誤認為處心積慮地討好別人，相當不值。

此型的人，行動雖然積極，但是並不會十分努力去實踐，有時因顧慮太多，考慮別人的看法，會出現優柔寡斷的一面。事實上，偶爾嘗試一下稍具挑戰性的事物也極富意義，可為你一成不變的生活帶來一點衝擊，使人生更具活力。

❤️ 愛情緣分～身為偶像型的人物，卻不適合太重家庭的對象

B型天秤座氣質高雅，很有風流倜儻文人的氣質，使他在群眾中宛若偶像般的人物。在戀愛關係中B型天秤座完全以外貌取勝，所以如果要成為他的伴侶，也必須是能夠與他看起來很登對的對象。不過，因為他過度重視外表，所以很難在精神上與戀人深度契合。此時，B型的漫不經心會讓他在傷害對方後，自己又不在乎地結束戀情，所以最好能找到成熟圓融的對象，關係才能長久。此外，過度粗枝大葉的他，最好避免和以家庭生活為重的人結婚，否則婚後可能會對彼此有所不滿。

💼 職場工作～運用社交和藝術才能，但太縱於安逸影響成就

B型天秤座如果選擇自由業，成功的可能性會較大。因為樹大招風的工作場所、束縛的環境、保守的職業都可能造成他情緒上的反彈，單調乏味的工作也會使他不停的變換職業，無法稱心。如能善加利用自己的社交手腕及冷靜的判斷力，前途將大有可為。不過，他最大的本錢，應是對美的感覺和藝術才能，也較易在這領域成功。三十歲之後，他的工作運開始走上坡，可以一直持續到晚年。至於他稍嫌縱於安逸的傾向，如果能徹底醒悟、全力以赴，人生將會有更好的發展。

🍊 金錢理財～缺乏賺錢野心，可善用人脈生財

B型天秤座對於賺錢的野心並不大。雖然常見他日擲千金地購買一些奢侈品，但基於舒適生活的考量，他也會預先存錢。所以基本上他不至於讓自己陷於金錢匱乏的窘境。此外，由於B型天秤座的圓滑、腦筋靈活，所以即使利用人脈謀得自己的利益，通常對別人、對自己都沒有損害，唯一有影響的是，他的錢包因此充實了。特別是有關娛樂方面的人際關係，會為他帶來好運，不妨加強自己在這方面的投入，廣結善緣總有時來運轉的一日。

天秤座O型

★ **最佳情人**：雙子、水瓶、白羊的A、B型
★ **知心好友**：獅子、天秤、射手A、B、O型
★ **暗防敵人**：摩羯AB型、巨蟹AB型

性格診斷～社交界的天才，小心成為流於表面的人

O型天秤座在性格及氣質上最大的特徵，就是優異的唯美意識。此外，他高度的談話技巧，也讓接觸到他的人，不會感到厭煩，自古以來，社交界的名流中，不少O型天秤座人士。

不過，一味地注意唯美，使他過於重視外在形式，流於表面功夫，形成他好逸惡勞的性格，在工作上欠缺積極的態度，也會使人認為他是個粗俗淺薄的傢伙。O型中有許多是黑白分明的類型，這種特性表現在天秤座身上就顯得相當極端，一種是傾向天秤座的老牛拖車、猶豫不決型；一種則傾向O型的是非立斷型。天生社交家的O型天秤座可能會選擇當時的情況來決定自己的反應。

此外，天秤座原來就是重視「和諧」的星座，況且，O型本來就富有彈性而且冷靜。因此，O型天秤座是位溫柔的和平主義者。他特別厭惡和別人爭吵，那種被人激怒後，在大庭廣眾下露出醜陋的怒容，是他所無法所接受的。他也很討厭在眾人意見分歧的情況下，被逼選邊站。對他而言，這不只是個很難抉擇的議題，對於如果為了得到認同而逼迫別人表態的的人，明顯地感受到其私心，而感到心裡非常不舒服。

通常此型的人，給人的第一印象相當好，初見就被人討厭的情形很少發生在他的身上。這是因為O型天秤座的人，天生就知道取悅別人的方法，而且，他本身也很懂得待人接物的禮節。

❖ 愛情緣分～在進入愛情之前太理性，陷進愛裡又太感性

　　被視為「社交天才」的O型天秤座，令人意外地，在愛情方面卻相當被動。由於他自恃品味高尚，總認為應該可以不費吹灰之力，對方就會主動送上門，加上他非常注重外表，如果對方未達標準，他也一樣列為拒絕往來戶。然而，在情場上從不主動出擊的他，一旦墜入情網，以前的理性將消失殆盡，奉勸在愛情裡經常會失去理智的O型天秤座，不要光為外表所惑，也切忌因過度投入而忽略其他事，這也未必是二人之福。

💼 職場工作～受人歡迎成為最大資本，好逸惡勞錯失成功

　　O型天秤座的人考慮事情非常周到，也會是很好的管理者，協調性、領導性俱佳。若能運用高超的社交手腕，敏銳蒐集資訊的才能，以及直爽能幹的O型氣質，就能彌補天性散漫的不足，邁向成功之路。無論他從事何種職業，站在何種崗位，都能巧妙地散發交際手腕及爽快的個性，如此一來，受人歡迎就成了他最大的優點。此外，只要能充分發揮美感的職業都很適合他。不過世界上沒有不勞而獲的事，雖然看似輕鬆的工作，也必須付出相當的代價才能有所成就。

🍓 金錢理財～為了虛榮心所費不貲，別打腫臉充胖子

　　在所有類型的天秤座中，O型天秤型算是比較善於理財的。然而，盡管他不會浪費一毛錢，但對於交際費卻從來沒有省過，而他那根深蒂固的審美意識，也不容許為了省錢而讓自己看起來很邋遢。最應注意的事情，就是別為了面子或虛榮心作祟，即使手頭很緊，仍想穿著入時，讓財務狀況更窘。只要能確實控制每天的收支，多少能收到一些財務控管的效果。只要不好高騖遠，就會有富裕的人生。

＊ **最佳情人**：雙子、水瓶、白羊的Ａ、Ｂ型
＊ **知心好友**：獅子、天秤、射手Ａ、Ｂ、ＡＢ型
＊ **暗防敵人**：摩羯Ｏ型、巨蟹Ｏ型

🐻 性格診斷～理性勝於感性善於仲裁，太刻意追求和諧

很多知名的翩翩紳士和淑女都是屬於ＡＢ型天秤座，究其原因，並不是他的五官好看，而是他的風采太迷人了！

此型的人，無論何時都能表現出從容、怡然的神態，人群中，總能看到他來去自如、談笑風生。他的理性絕對勝過感情，所以很難看到他慌張、手足無措的模樣。即使被捲入紛爭，他也會出污泥而不染地四兩撥千斤。因此，在排解糾紛時，他因形象端正，常被公眾推為和事佬。在擔任仲裁者的角色上，他確實是實至名歸。

不過，有一點應特別注意，在他要求平和、均衡的心態下，難免變成膽小怕事而處處討好的性格，導致過於世故、不夠坦誠的負面評價出現。所謂「譽之所至，謗亦隨之」，要更小心拿捏處世的分寸才是。

無論何時何地ＡＢ型天秤座，都能冷靜面對不憂不懼。他對凡事都能以公義之心去評判，但不會因人情事故而迷惑，所以，有時會給人冷漠無情的印象。此外，對於別人所請託的事，他會由衷的處理，但也會期待他人未來有所回報。

ＡＢ型天秤座最大的特點就是他的堅強與自信，以致於在團體中常站在指導的地位，而且能將大家的意向當成自己的意向，尊重大夥的決定，領導眾人，將理想付諸行動。在行動之前，他也會細心地調查和作好充分的準備，他希望用自己的方法去嘗試和處理，而且確實將事物處理的有條不紊，使別人對其表現欲不會產生反感，反而認為這是他的優點。

愛情緣分～喜歡將快樂帶給對方，其實有點花心

ＡＢ型天秤座的感情世界是以和諧、優雅為原則，他可能永遠也無法體會亂世兒女的情懷，在他的世界裡，只有美麗的戀情，沒有所謂的苦命鴛鴦。他以追求浪漫的愛情而滿足，不夠深刻的愛情他則不屑一顧，因此，他會不斷追求新戀曲。不過，花心歸花心，他還不致發生畸戀，因為收拾畸戀的狼狽情景，實在有違他優雅高尚的原則。在他的觀念中，談戀愛最主要的目的在於把快樂帶給對方。只要賓主盡歡，何必在意是否一定要攜手終生。

職場工作～運用審美與外交手腕，在團體中表現亮眼

ＡＢ型天秤座可以充分運用靈活的外交手腕，以及不流世俗的審美觀，為自己在工作上謀求一席之地。而要求舒適、安逸的他，應避免需要花體力、用心思的工作，此外，也最好能找一個可以和很多人一起工作的職業，他可以在團體中發揮良好的互助合作精神。如果能充分運用性格上的特徵，可讓事業飛黃騰達。ＡＢ型天秤座的頭腦清晰，而且人緣很好，所以，無論何時何地都能獲得別人的信賴。

金錢理財～不在乎大富大貴，只在乎人生順遂

ＡＢ型天秤座不太可能有獲得意外之財的機會，因為他沒有偏財運，而且也沒耐心去汲汲營營於賺錢，他認為那會剝奪享受人生的機會，何況，他並不覺得錢財是多麼重要的東西。只要能維持生活條件的均衡，一生無法大富、大貴又如何。他不會因為財富迷失自己，也不會因為窮困落魄而喪志。其實，上天賜予他如此不凡的條件，若能善加利用，必能把中上的財運改變為上上之勢。一切只在自己做和不做之間罷了。

147

✱ 最佳情人：水瓶、雙子、白羊的Ｏ、ＡＢ型
✱ 知心好友：天秤、獅子、射手的Ｏ、ＡＢ型
✱ 暗防敵人：摩羯Ｂ型、巨蟹Ｂ型

🐻 性格診斷～熱情追求人生夢想，不甘於一生平凡

Ａ型天蠍座的外表一向給人內斂、誠實，又帶點神祕的感覺，但在這層面紗底下卻蘊含著無窮的熱情和強烈的企圖心，一旦爆發出來，將會促成極大的成就，不過以Ａ型的慎重與天蠍座隱密的習性，直到他爬上頂峰的那一天，絕對不會輕易將這樣的實力以示眾人，以免別人破壞了他的縝密安排。

「動如脫兔、靜如處子」是他最好的寫照。在人生過程中，他也常以這股熱情為武器，所以在事業上通常都能獲得極高的成就！

由於Ａ型天蠍座相當善妒、固執，因此能夠交心的人極少。然而，一旦有值得託付的人和事，他勢必會獻出全部的熱情。

毒蠍的特徵也很明顯地展露了Ａ型天蠍座的雙面性，亦即追求理想目標的心理之下，又經常會不由自主地激起與他人強烈競爭的心理。

Ａ型天蠍座最無法忍受平凡的一生，喜歡憑著自己豐富的想像力，幻想描繪未來理想的景象，但並非一味沉醉於夢幻中，當他內心激蕩著熾熱情感時，對於比自己優秀的人，會產生瘋狂的嫉妒心。而且，他的嫉妒很快會轉化成憎恨，在沒完全打倒對方之前，絕不肯善罷甘休。同樣地，他也絕不容許信賴的人背叛自己。

一旦面臨挑戰，他就會立刻表現出令人意想不到的另一面，立即發揮他的機智與果敢，將事情處理得毫不含糊。最好能提醒自己情感如水，需要理智作為堤壩，否則誤己傷人，應學會自我克制，以冷靜的態度待人接物。

ᐸᐸ 愛情緣分～因愛火而燃燒妒火，不容一絲辜負或背叛

A型天蠍座談起戀愛，如同被點燃的乾柴一般，會不顧一切地為對方燃燒自己。他相當排斥遊戲式的愛情，也不憧憬純純之愛。由於他對所愛之人絕對是全心的奉獻，所以相對地，也會希望對方能拿出同等的忠誠。如果對方辜負了他，他愛人的方式就會急轉直下，由愛生恨，接著就是報復。總之，他能夠瘋狂地去愛一個人，也絕對能瘋狂地去恨一個人，完全不留任何餘地。甚至只要情人跟其他異性說些幽默的話語，醋罈子就會立刻打翻而不可收拾。

職場工作～戰無不勝攻無不克，卻因人際不佳而受阻

天蠍座原本直覺就十分敏銳，加上A型細心固執的個性，使他在工作上無往不利，容易克敵制勝。特有的勇氣與堅韌使他具有非凡的實踐能力，無論對任何工作都能有始有終、貫徹到底。一旦他發揮潛在的野心，即將綻放出人意料的鋒芒。然而，他卻缺乏與人溝通、協調的個性，所以即使事業成功，人際關係卻並不順暢，應特別注意。

金錢理財～收入永遠比支出多，對於親友不吝嗇

保守踏實、生活不舖張的A型天蠍座，對於金錢也是如此執著。由於他懂得控制，加上A型縝密的個性，他的收入永遠比支出還多。雖然他有著勤儉節約的好習慣，不做不必要的浪費，但也決不是守財奴，必要的開銷，只要有價值、有意義、他仍會毫不吝惜地拿出大筆的金錢。尤其是對於親近的人，他經常會無條件地施以援助。擁有絕佳直覺的他，除了固定收入之外，還經常從事投機事業，為自己賺上一筆數目可觀的意外之財，甚至還超過固定收入的金額，所以有可能成為人人羨慕的大富翁。

★ **最佳情人**：水瓶、雙子、白羊的Ｏ、ＡＢ型
★ **知心好友**：天秤、獅子、射手Ｂ、Ｏ、ＡＢ型
★ **暗防敵人**：摩羯Ａ型、巨蟹Ａ型

🐻 性格診斷～對世事冷眼旁觀，封閉自己不願被他人親近

好惡分明的Ｂ型天蠍座，平常給人安靜、內斂的印象，然而，一旦有任何突發的狀況，就會出現讓人出乎意料之外的大膽行動，但是他卻十分泰然自若。

由於Ｂ型的影響，當他認為對一件事沒有興趣時，就會立刻放棄。往好處想，這是為了有效利用時間；但缺點是，難免會讓人有太過現實的感覺。因為他會因不同的人而有冷漠或古道熱腸的極端表現，而使人際關係大受影響。

思想深刻的天蠍座Ｂ型是神祕主義的典型，具有相當犀利的洞察力，無論別人如何偽裝，都無法瞞住他的眼睛。不過他也不會因而揭發別人心中黑暗的一面，相反地，他常冷眼旁觀這個世界，雖然沉默但對人性透徹了解。

即使Ｂ型天蠍座能清楚地看穿別人的心思，自己卻經常封閉內心深處最隱蔽的地方，厭惡被別人看穿心思，即使是至親好友，他也不會任意打開心扉，讓別人進入內心世界。雖然，他的真實性格如此，但在眾人面前仍能談笑自如，但一個人時卻十分欣喜能享受那一分獨處的寧靜。

從外表看來，他是個相當隨和的人，但事實上他的內心世界非常複雜，內心始終潛伏著一股強勁的爆發力，是個深沉不露的人。建議Ｂ型天蠍座別過於封閉自己，不妨打開心扉，接納更多的朋友，才能同時感受到人心的溫暖，讓他不再孤寂。

✨ 愛情緣分～對愛情奮不顧身，若失戀一定要保持冷靜

B型天蠍座一旦愛上某人，絕對是奮不顧身的。即使環境不允許，他也寧可私奔，以便讓兩人能夠長相廝守。而且他也相信自己所選擇的對象必定十分忠誠，所以他無法想像自己有可能會遭到背叛！如果這類型的人不幸遇到失戀的情況，一定要提醒自己保持冷靜！此外，向他人訴訴苦，也是讓自己淡忘苦楚的方法之一。其實，在需要心心相映的戀愛世界中，若要留住對方，與其採用各種技巧，不如直接表達自己的想法，其它的事就只能順其自然，交由緣分來決定未來發展。

💼 職場工作～毅力與耐力間優於眾人，以推銷專業而成功

B型天蠍座對事情往往有獨特的見解以及深刻的思考，調查分析能力頗強。不僅他的精神毅力異於常人，就連身體也有超人的耐力，這樣的人適合從事朝九晚五的工作，在大公司裡工作成功的機率會更大。與其從事變化多端、競爭性強的職業，不如從事需要埋首投入的專業性工作，或者講求經驗累積的職業。平常只要多抓住機會推銷自己，就能助自己邁向成功之路。

🍓 金錢理財～務實的金錢觀，另會受貴人相助

B型天蠍座具有現實的金錢觀，並能計畫性地用錢。不過，他一旦對某項投資產生興趣，就會想一頭鑽入，非嘗試不可，有時還會把全部家當都投入。大約在三十歲之後，財運會好轉，如果他能把握這個時機，努力存錢或是做安全性較高的投資，都有助他開闢財源。同時，有不少B型天蠍座的人因得貴人相助而獲得財富，既然別人有助於己，也別太吝於回報。接受過別人的恩惠，應找機會回報給需要幫助的人，畢竟，施比受更有福。

★ 最佳情人：水瓶、雙子、白羊的Ａ、Ｂ型
★ 知心好友：天秤、獅子、射手Ａ、Ｂ、Ｏ型
★ 暗防敵人：摩羯ＡＢ型、巨蟹ＡＢ型

天蠍座 Ｏ 型

🐻 性格診斷～看似無知軟弱，實則野心比誰都強

如果想要用一句話來形容Ｏ型天蠍座，恐怕是很困難的事。因為他鮮少會談論真正的自己，在團體中，他總扮演冷靜的旁觀者，仔細而認真地觀察周圍的人事。

通常第一眼看到Ｏ型天蠍座，總以為他很無知、軟弱，殊不知在這層面紗底下，隱藏的是一個個性深沉、意志力堅強、又精打細算的蠍子。也許很多人會認為這隻蠍子很可怕。事實上，只要你不是他的競爭對手或假想敵，他其實是對人相當熱情的。

如果他認為你是值得交往的朋友，便會完全信賴，並用敏銳的第六感完全洞悉你的心思。由於極端的自我保護，他可能經常會將自己關在封閉的世界中，而他的強烈獨占欲，也使他對想要到手的東西，絕不輕易鬆手。

Ｏ型天蠍座的人，還是以天蠍座強烈個性的色彩更濃一些。Ｏ型的氣質只是給了他少部分的輔助罷了。這類型的人並不會積極跟人來往，但找到適合的朋友之後，就會完全地依賴對方，並且坦誠地跟對方交往，對個性不合的人他的表現可能稍微冷淡，更不會說些奉承別人的話。因為，他天生沉默寡言不喜逢迎，因此會給人一種難以接近的感覺。

Ｏ型天蠍座的執著極易形成頑固、倔強的性格，即使不會明顯地顯露在行為上。但是，他對內心的自信及自尊絕不輸給任何人。不論別人表示如何中肯的建議，他依然會依照自己的理念而採取行動，總之，他覺得世界上只有自己的判斷最精準，也只相信自己。

❥ 愛情緣分～渾身散發性感誘惑力，對愛情容不下一顆沙子

　　善於散發性感魅力的O型天蠍座，無可諱言地，幾乎沒有一個異性逃得過他的追緝，而他本身也很容易被深具誘惑力的人吸引。O型天蠍座的愛是相當激烈又危險的。他一旦鎖定某人，便會毫不猶疑地黏著對方，絕不輕易放棄。眾人所知，天蠍情人的眼中容不下一粒沙子，因此善妒是不可避免的，一旦遭到拋棄，他也會將全部的愛轉為最具殺傷力的報復行動，帶來難以挽回的後果。其實與其花時間去報復舊情人，還不如打起精神再去找下一個目標，以他獨特的魅力，是不難辦到的，但他卻不一定能看開。

💼 職場工作～成功的不二人選，卻只信任自己

　　誠實又有高度責任感的O型天蠍座，不但做事不含糊，企圖心又強，通常是成功的不二人選，唯獨人際關係有待加強，又有過於自信的缺點，是一個工作重於人情的人。雖然他有肯拼的精神，可惜缺乏和別人的協調性，往往有太過依靠自己的缺點。正所謂集思廣益、眾志誠城，一個人的力量是有限的，唯有發揮集體精神才能把工作做得更好，如果能在心中時時提醒自己注意團結才是力量，如此便能朝成功的境界更跨近一步了。

🍓 金錢理財～工作與投資收入頗豐，成功後反更視財如命

　　在工作上從不會怠惰的O型天蠍座，財運相當不錯。除了固定的工作之外，從事投機事業也能有意外之財。盡管他懂得防範於未然的道理，但是，並不是一毛不拔的鐵公雞。因為他對於投資事業方面的膽量極大、很有魄力，可以說做就做，不太深思熟慮。在這種情形下居然能獲得幸運之神的眷顧，實在是一件不可思議的事。不過，在他擁有相當成就之後，可能會去大賺不義之財，這都是因為在享受金錢的好處後，他越來越視財如命的緣故。

天蠍座 AB 型

★ 最佳情人：水瓶、雙子、白羊的Ａ、Ｂ型
★ 知心好友：天秤、獅子、射手Ａ、Ｂ、ＡＢ型
★ 暗防敵人：摩羯Ｏ型、巨蟹Ｏ型

🐻 性格診斷～內心蘊含強大能量，卻給人城府甚深之感

ＡＢ型天蠍座有如一座未爆發的火山，外表看來平靜，內心卻蘊藏著極大的能量。

無論何時，他總是在安靜的角落裡獨坐著，一副事不關己的態度。然而，當每個人都忽略他的存在時，他卻正在發揮自己銳利的洞察力及敏感的直覺，直到重要關鍵來臨，他才出場提出一針見血的言論，或者做出一鳴驚人的舉動，之後，又回復先前的沉默以對。他這種退居幕後、冷眼旁觀的角色，使他宛如一位披著神祕面紗的先知。

此型的人，凡事除非有絕對的把握，否則不會透露半點形跡。不鳴則已，一鳴驚人，是他一生行事作風最佳的寫照。

ＡＢ型天蠍座人生最弱的一環就是人際關係。他經常在自己與外界間築起一道沉默的高牆，任憑外界如何猜測、誤解，他依然不為所動。因此，他經常被歸類為冷漠、驕傲的一群，成為被眾人敬而遠之的對象，甚至極有可能被誤會，永遠得不到別人的歡迎。

此外，ＡＢ型天蠍座總是遠離可能發生紛爭的地方，一旦覺得被挑戰，不會衝動行事，會盡量地做出若無其事的樣子，以維持自尊和和平，不過心中會記掛很久。

他會刻意保持長時間的冷靜和無時無刻的謹慎。不做沒有把握的事情，不說沒有根據的話，不交俗不可耐的朋友。因此，他周圍的氣氛總是特別冷淡，沒有來往的人群和知己。但是，一旦能夠突破這層障礙，他就可以變成最值得信賴的朋友。

✿ 愛情緣分～為愛卸下重重防備，只求心靈契合而判斷失準

愛情對ＡＢ型天蠍座而言，是神聖且莊重的，他唯有在跌入情網後，才會卸下重重保護的甲殼，讓心儀的人看見真正的自我。他選擇的對象往往異於常人，容貌、身材、氣質……都可能缺一不可，但也可能全部被拋諸腦後，他也許會僅憑一點心靈的默契，甚至會心的一笑，就能決定廝守終身。這樣的感情基礎當然不算牢固，所以經常會有悲劇發生，使他變得異常冷漠並誤以為全天下的人都是愛情的騙子，有時還會轉變成憎恨及報復的情緒，還好ＡＢ型的人若出現這種情形也許靜待一段時間，就能完全沖淡仇恨。

💼 職場工作～認清能力就能事半功倍，半途而廢得不償失

ＡＢ型天蠍座有強烈的責任感，而天蠍的堅持可以彌補ＡＢ型人缺乏一貫性的特點，一旦找到自己喜歡的方向，容易成為工作狂，在該領域渴望擁有絕對的領先地位，易成為行業的佼佼者。此外，他應盡量避免轉行，半途而廢是得不償失的行為。若能認清自己的努力和能力，配合適當的工作，想出人頭地必能收到事半功倍的效果。只要堅守在同一個崗位上，假以時日，必能成就非凡。

🍓 金錢理財～年輕時要注重形象經營，長輩會成為招財貴人

喜歡工作的天蠍座，因ＡＢ型的冷對世事，所以不太重視錢財，但由於他個性精明、自信，總有長輩喜歡將財產交給他管理，這也是他財運晚成的原因。因此，ＡＢ型天蠍座的偏財運比較集中在繼承方面，而他精明、機警、有自信的特徵往往能讓長輩信任，使他有一步登天的境遇。因此，他抓住財運的首要任務，是擴大自己的信用及值得信賴的形象，當他的這些努力產生效果，雖無法致富，至少平淡平實的生活是唾手可得的。

✱ **最佳情人**：白羊、獅子、雙子的Ｏ、ＡＢ型
✱ **知心好友**：射手、天秤、水瓶的Ｏ、ＡＢ型
✱ **暗防敵人**：雙魚Ｂ型、處女Ｂ型

🐻 **性格診斷**～崇尚自由的勇者，因口無遮攔招人誤解

　　和誰都可以成為好朋友的Ａ型射手座，最大的魅力就在於他開放、熱情的個性。這種個性如果表現在工作上，就能夠勝任較具挑戰性的工作，他會不斷提高目標，督促自己去達成，並從中獲得無限的滿足。

　　一般而言，Ａ型射手座的行動範圍既廣且深，別人常可以見到他精神飽滿的四處奔跑，並且換來一群又一群會讓自己受益不盡的好朋友。一旦他意識到有被某群人、某件事綁住的危險，就會千方百計，甚至有點奮不顧身地以最快的速度逃離，讓想圈住他的人死心，這種舉動有時會為他引來善變的名號。

　　平時，Ａ型射手座追求新潮、奔放的氣質，令人不敢恭維，然而他開朗、親切的態度，又頗討人喜歡。如果瞭解他的人會對他的直率反應或無心之言，不僅能夠體諒，反而覺得這正是他的可愛之處；但不瞭解的人，常會為了他的口無遮攔而生悶氣，誠可謂知音難覓。

　　此外，Ａ型射手座對知識和理想有很高的追求欲望，為了達到目的，即使費盡千辛萬苦，也認為絕對值得。對於任何被扭曲的事實及有失公義的事，他的拒絕反應也很強烈，是個為了追求真理不惜勞苦，且奢望以自己的力量來改變世界，以達到盡善盡美的人。

　　由於射手座的一生忠於自己，即使違背道德倫理也在所不惜，而Ａ型卻相當注重傳統道德及社會規範，因此，他雖具有獨特的思想及高尚的理想，但不會草率行事，平時多將想法隱藏於心中。

ᏓᏇ 愛情緣分～給愛足夠的自由，重視心靈交流

A型射手座常會選聰明、陽光的對象，而且一旦發現可獵取的對象時，就會直接對準目標，射出愛神的箭。盡管老實的A型人不會大剌剌地劈腿，但好奇的性格卻使他容易喜新厭舊。即使有時在情場上未必能一帆風順，然而有風度的他，一旦知道沒有希望，就會立刻死心抽身，不再糾纏。以自由為宗旨的他，通常也會蠻尊重他人的自由。在愛情的進展上，完全以彼此精神的鼓勵，以及學業、事業的切磋琢磨為上。如果對方缺乏求知的精神及積極的行事態度，縱然有萬般吸引力，也不可能和他深入交往。

🧳 職場工作～適合知性與人文的環境，如不適合別勉強硬撐

由於象徵射手座星座圖騰的人馬是具有靈性、哲學的動物，所以他適合在知性與人文關懷的工作，一展長才，對於富有挑戰性和變化的職業最能勝任愉快。而A型射手座有豐富的知識，工作態度也相當細心認真，只要從事適合的職業，都可贏得別人的信賴。若是沒有選擇適合自己的工作，也無法發揮所長。在經歷幾種職業轉換之後，就能找出真正適合自己的職業，認真投入，必能在社會上出人頭地。

🍓 金錢理財～賺錢是為了經營精神生活，玩樂時財務拋腦後

對金錢一向「既往不咎」的A型射手座，對金錢的支配並沒有花費很多心思，但也不妄想一舉致富。他會為了賺錢為努力工作，然後在短時間內就花得精光。把精神生活擺在第一位的A型射手座，想達到某種目的時，會不惜熬夜工作，賺取大筆金錢，以滿足自己的欲望。當開心地花錢享樂時，絕不會想到當初賺錢的辛苦。他的人生態度即是：工作時好好工作，玩樂時盡情玩樂，極少會有儲蓄的習慣，以致經濟狀況也起伏不定，變化很大。

★ 最佳情人： 白羊、獅子、雙子的Ｏ、ＡＢ型
★ 知心好友： 射手、天秤、水瓶Ｂ、Ｏ、ＡＢ型
★ 暗防敵人： 雙魚Ａ型、處女Ａ型

性格診斷～獨特創造力取得先機，半途而廢以致功敗垂成

Ｂ型最大的優勢在於獨特的創造力，如果能結合射手座的決斷力和實踐能力，肯定能在快速變化的資訊時代裡取得先機。

此外，Ｂ型與射手座都具有奔放的性格，相得益彰之下，會讓這類型的人性格豪爽，同時兼具優秀的戰鬥能力，帶著足智多謀的策略去征服一個又一個的人生領域。

Ｂ型射手座重視形而上學的精神哲學。對金錢、名利沒有野心和欲望，所以，對這些世俗凡物也就不會過分執著，或許就是這個緣故，他在追求人生成就上，顯得不夠積極，在人際關係上，也是採取合則來、不合則去的隨緣態度，對他而言，能夠依照自己的意志去活，就是對於人生的上進心。

Ｂ型射手座對每個人都採取開放的胸懷，直爽而且誠實，這點倒是給人相當不錯的印象。由於極少顧忌世俗之人的眼光，所以做起事來，往往積極而大膽，不過應注意，雖然大膽卻要心細，行事謹慎將更為有利。

除了許多的優點之外，當然也不乏一些缺點，由於他的思考和行動都異常敏捷，再加上崇尚自由意志的心態，做事經常隨興所至，不太有持續性，總是半途而廢，導致功敗垂成。究其原因，Ｂ型射手座之所以缺乏做事的持續性，最主要是因他的心志未定，如果能試著將心性安定下來，並且擺脫怠惰的陋習，以其天生如脫韁野馬般強烈的好奇心，定能帶他在人生走得更遠、更廣。

愛情緣分～熱戀期比誰都黏，見異思遷速度比誰都快

　　各方面的表現都超人一等，就是不肯下功夫的Ｂ型射手座，在愛情上也是如此。一旦追求成功後，他就會把心思轉移到別人身上，而Ｂ型特有的見異思遷，也對培養長久的愛情極為不利。可能因為他在熱戀階段老是和對方膩在一起，所以很快就會厭倦。因此，建議他在分手時，應盡可能誠實地將自己的心境告訴對方，以取得諒解。他雖然花心多情，卻還有自己的原則，絕對不會腳踏兩條船，而且每一次戀情他都是全心全意的付出。

職場工作～多才多藝卻難以抵抗工作壓力，錯過先機

　　Ｂ型射手座頗富創造力與人文精神，但是多才多藝的他卻經常面臨轉業的十字路口，因此，很可能錯過了成功的機會。雖然他頗具開發能力，但缺乏處理事情的才能，在工作壓力極大的環境中，並無法充分發揮。Ｂ型射手座適合多元化的工作，選擇職業時，最好能夠選擇才華能勝的工作，也可從事兩、三種性質類似可以相輔相成的工作，如此才能提高成功的機會。

金錢理財～重視精神生活，卻偏廢了物質的累積

　　Ｂ型射手座對金錢不具執著性，對他而言，金錢本來就是流通的。他往往會不顧自己的生活，只想先和朋友吃飽喝足後再來苦惱。他看重的是精神生活，希望能夠為自己的一生畫滿豐富的色彩，所以既不願為了賺錢而過分勞累，也不想為日後的生活儲蓄。由於他的腦筋極佳，能力也很強，足以成為他致富的利器，有一夕之間賺進大把鈔票成為鉅富的機會，關鍵在於是否他有這個心。

★ **最佳情人**：白羊、獅子、雙子的Ａ、Ｂ型
★ **知心好友**：射手、天秤、水瓶Ａ、Ｂ、Ｏ型
★ **暗防敵人**：雙魚ＡＢ型、處女ＡＢ型

🐻 性格診斷～熱情洋溢行動敏捷，忽冷忽熱若即若離

全身洋溢著熱情開朗氣質的Ｏ型射手座，即使和人初次見面，也能在短時間內和人打成一片，彷彿多年老友。放眼十二星座，也只有Ｏ型射手座有這分能耐。

Ｏ型的敏捷行動力，加上射手座的機動性，造就了Ｏ型射手座的果斷力，就像一支射向遠方的箭，似乎總是不畏風雨繼續向前，也可看出他對自由的重視。此外，好奇心強、喜愛變化的他，也是一流的創意者。但這種傾向表現在行動上，可能變成反覆無常，使旁人不知所措。

而凡事強調速成的他，其實是相當粗線條的人，將心中真實的想法脫口而出的毛病往往使他容易得罪不少人，幸好他的開朗彌補了這個缺點。所以別人也會對他的魯莽一笑置之。

Ｏ型射手座本身就擁有極優越的判斷力，所以他執行的方向很少會發生錯誤，最令人驚訝的是，他的成效還能比別人快上兩倍、三倍。無論工作、遊樂、戀愛等人生領域，他喜歡用盡自己的精力，熱烈地燃燒生命，甚至不管燃燒的程度是否合理。

當他熱情的時候，就會對別人表示誠實且信賴的態度。若是冷淡的時候，就會佯裝成一副事不關己的態度，這種若即若離的個性，常把周圍的人弄得不知該如何反應。不過，無論他當下的反應如何，仍是本著一顆天真單純的心，因此別人會對他一時的無理反應予以寬容。也由於他的心思很純潔，因此只要感知到他人任何心術不正的行為，立即就會嚴正抨擊，絕不寬貸。

✦ 愛情緣分～著重彼此心靈的溝通，對感情冷卻會毅然放手

O型射手座的人面對愛情很坦率，不會遮遮掩掩自己的感情，正因為他的自信，在愛情上的成功率總是居高不下。就算追求失敗，也會灑脫的離開。在他心裡，愛情與事業同等重要，都需要成長的自由。因此他認為相愛的兩個人需要有心靈上的溝通，才能真正的瞭解彼此的內心，給予對方最溫暖的心靈安慰，和各自獨立的空間。這樣兩個人才能夠真正的天長地久。一旦他對這段感情冷卻了，也會選擇放手，讓人感到有些冷血，不過，他認為這才是對愛情真誠負責的表現。

💼 職場工作～即使有得天獨厚的天分，有耐性才走得長遠

射手座愛好自由，O型則加強了這方面的意念。所以他喜歡照自己的意志行事，再加上豐富的創造力，可能短期內就能名利雙收，不過，他容易有半途而廢、喜新厭舊傾向，應特別注意。強烈的上進心及高度的工作熱忱，使O型射手座的人，不致在經濟上過於拮据。他最適合有創造性的自由業，此外，還具有得天獨厚的語言天分。如果出現了厭倦的情緒，他也許會選擇放棄，當工作出現倦怠的情形時，最好能以耐心來完成它，如此才能步入成功正軌。

🍓 金錢理財～將錢財看作身外之物，但也不能打腫臉充胖子

從射手座的性格來看，他可能天生和財運無緣，所幸O型對現實利益的重視，使他不至於做出沒帶錢就到處簽帳的行徑，但愛面子的他，和人交往時，難免會打腫臉充胖子！外表看來，他生活看似很寬裕，但事實上，他其實不太會存錢，是有一分錢就花一分錢的類型。跟人來往時，他寧願自掏腰包，也不願讓別人破費。錢財雖是身外之物，但是，我們卻必須仰賴它生活，若是想過兩袖清風的生活，也應避免讓自己被餓死。

★ **最佳情人**：白羊、獅子、雙子的Ａ、Ｂ型
★ **知心好友**：射手、天秤、水瓶Ａ、Ｂ、ＡＢ型
★ **暗防敵人**：雙魚Ｏ型、處女Ｏ型

🐻 **性格診斷**～有思考力與行動力，最厭惡拖泥帶水的事

　　有積極行動力的射手座再加上ＡＢ型的理智，會讓ＡＢ型射手座擁有冒險犯難的精神，以及哲學家的決斷力。

　　他頭腦冷靜、思考敏捷，有一根腸子通到底的直爽，也具備立刻付諸實踐的行動力。因此，他特別厭惡拖泥帶水的事，即使缺乏執行的毅力，仍不失為一個真誠的好搭檔。

　　ＡＢ型射手座的人是即知即行的實踐家。這樣的性格加上ＡＢ型的理智及射手座的「以自我為中心」，便形成富有冒險、勇於嘗試錯誤的精神，以及哲學家能夠果斷捨棄已經證明失敗實驗的決斷力。當他聽到一些新奇的事情，往往會忍不住要立刻去嘗試一下，以便親身體驗，凡是未經自己驗證過的事情，他都抱有強烈的嘗試衝動。

　　不過，他平生最怕的事就是處理善後，要他替自己闖下的禍事收拾爛攤子，他必定唉聲嘆氣，心不甘情不願。這種人常因衝刺太快而失敗，彷彿開車猛踩油門卻忘了適時煞車減速，挫折雖然在所難免，不過，他也不會因此沮喪消沉，對他而言，失敗也是一種人生哲學。

　　有時候，他會在前一刻，才決心把某件事弄得明白清楚，下一秒鐘卻又毫無顧忌放下手上的新事物，直朝另一個新目標前進。為避免讓自己一直犯同樣的錯誤，在轉換跑道之前，ＡＢ型射手座應先給喘一口氣的餘裕，並冷靜地反觀自我，才能從錯誤中成長，將弱點轉化為另一種長處。

☪ 愛情緣分～熱情如火，但又不失理性考量

ＡＢ型射手座對愛情有驚人的爆發力及衝勁。無論痴迷到什麼程度，他始終能保持適度的風範，即使當面被回絕，他也不會惱羞成怒。ＡＢ型的理性和射手座的豁達構成他運動家精神的心態，使他能有風度的退出戰局，回復原來的達觀心境。事實上，射手座所編織的戀情往往會讓雙方不由自主地捲入愛情的漩渦裡，如果進展到這個程度，他會突然冷靜下來，開始思考彼此之間目前遭遇的問題，以及未來可能的發展。這段突如其來的理性，正是考驗彼此戀情是否有未來的關鍵。

💼 職場工作～不適合在大公司工作，轉業反而有助於事業

厭惡受束縛的ＡＢ型射手座，在大公司裡工作只會讓他備感壓力，帶點風險又能獨立作業的自由業最適合他。除了能夠激發他的好奇心之外，也可以將他興趣多變的缺點化為工作上的優點。ＡＢ型射手座擁有多面的興趣，只要符合自己的興趣，有朝一日必能闖出一片新天地。若是不能激發自己想要成功的欲望，就不會把心思及聰明才智投入，因此對於職業的選擇，他有相當程度的執著。雖然更換職業很可能只是一時感到倦怠，或是轉變心情的藉口。不過，轉業的次數愈多，他的成功機率反而愈多。

🍓 金錢理財～消費彈性驚人，最好倚賴他者守財

能一夜之間花掉百萬，或者五千元也能度過整個月的ＡＢ型射手座，在消費上的彈性十分驚人。他致富的祕訣在於選擇一個喜歡的工作以確保收入來源，或者利用興趣生財。這對工作有理想性的他而言，應該不難辦到。因為金錢對他而言是毫無意義的，重要的是擁有財富後隨之而來的生活享受，因此花錢如流水的習性是他不易改變的本性，最好靠配偶或朋友的幫助才守得住錢財。

摩羯座Ａ型

* ★ 最佳情人：金牛、處女、巨蟹的Ｏ、ＡＢ型
* ★ 知心好友：摩羯、天蠍、雙魚的Ｏ、ＡＢ型
* ★ 暗防敵人：白羊Ｂ型、天秤Ｂ型

性格診斷～擁有超凡的進取心與企圖心，卻不信任任何人

Ａ型摩羯座具有很強的進取心，他相當認真，但不太懂得處事的技巧。謹慎的他看到風險時，會設法讓自己不要太靠近，這種過度小心的個性，使他經常錯失良機。

盡管他不易親近，社交能力極差，但是講義氣、求好心切的性格，也使他頗得別人的信賴。而Ａ型縝密、樂於助人的特性，讓他有成為企業家的條件，只是過於嚴苛的行事標準，總是賦予人缺乏人情味的印象。

此外，Ａ型摩羯座另一個不可思議又挺受歡迎的特色是幽默感，盡管他話不多，卻經常會在緊要關頭說出讓人噴飯的笑料，堪稱是朋友中的冷面笑匠。

Ａ型摩羯座凡事只相信自己，認為這個世界上最靠得住的就是自己，不易對別人敞開胸懷，去相信別人，甚至去接納別人。雖然表面上他與世無爭，但並不是消極，在他心中追求名利的野心，正如星星之火，炙熱的溫度從未消退。

由於他對別人的不信任，因此很少有知心的朋友，生活相當孤獨，但是，他對未來充滿了信心，相信今日的孤獨奮鬥定能換取將來的輝煌成就。

當別人遇到挫折，就會心灰意冷而裹足不前，他卻不易為環境的困頓所擊倒，會以與生俱來的韌性，默默承受，繼續以堅定、踏實的步伐，逐步朝成功的目標邁進。

➳🐟 愛情緣分～真愛來得特別晚，但能夠與對方相守終生

Ａ型摩羯座的愛情都來得特別晚，由於他不大相信別人，對異性更是採取消極的排斥，因此，戀情多半遲遲地開花結果。即使他很喜歡對方，也不會直接表達，只是默默地給予關懷，直到有一天被對方察覺，才會向他傾吐愛慕之意。這類型的人原本就不容易被外表所惑，他重視對方的內涵更甚於外在，也比較欣賞誠實、可靠的類型。他通常都願意花時間去尋找合適的對象，而且也認為真誠的愛有其等待的價值。等到找到合適的對象了，他會努力了解對方，所以通常能與對方牽手走一生。

💼 職場工作～不斷努力向上，就能微笑收割

「成功就是一分的天賦，再加上九十九分的努力。」這句話應該是Ａ型摩羯座的至理名言。因為他選定了職業，便很少會再去更動。對他而言，勤奮地耕種，必能歡呼收割，他是樂於見證一分耕耘、一分收獲的人。不斷努力向上的Ａ型摩羯座，工作能力極為傑出，無論是實務方面的工作，或是藝術方面的工作都能有優異表現。但這種成績並不是來自天賦，而是自己勤奮不懈、流血流汗的努力所換取的成果。

🍊 金錢理財～與生俱來對錢的敏感度，不會輕易為別人付出

基本上，Ａ型摩羯座的財運並不差，但也別妄想一夜致富。所幸他用錢有方，加上與生俱來對於金錢的敏感度，守財絕無問題，經濟上不會發生困難。他一旦獲得錢財，絕不會輕易付出。這種涓滴成河的積財方式，就如滾雪球一樣，確實為他累積了不少財富，不知不覺間可能就成為一位小富婆。尤其是過了中年後，他的財運會扶搖直上。他長期投入的努力，終能讓存款數字迎頭趕上。

* **最佳情人**：金牛、處女、巨蟹的Ｏ、ＡＢ型
* **知心好友**：摩羯、天蠍、雙魚Ｂ、Ｏ、ＡＢ型
* **暗防敵人**：白羊Ａ型、天秤Ａ型

摩羯座 **B** 型

🐻 性格診斷～特立獨行的實業家，應克制對他人的疑心病

說好聽一點，Ｂ型摩羯座是特立獨行者，說難聽一點，則是難以溝通的死硬派。不過，也別因此認為他是個陰沉、抑鬱的人。事實上，在Ｂ型的影響下，他樂天、開朗的天性仍是顯而易見的。

然而，自視甚高、厭惡成為失敗者的他，使他對己、對人都非常嚴格，這樣的標準常使他周圍的人喘不過氣來。此外，他也是不肯隨便浪費時間的人。例如上個廁所，也要帶分報紙進去，同事要邀他去唱卡拉ＯＫ，他也會因為翌日的工作而加以拒絕，總之，他是一個和時間賽跑的人。

一旦他執著於某個目標，就彷彿忘了別人的存在。無論做任何事情，他都必定探個究竟，不會只瞭解表面便罷手，打破砂鍋問到底是他做學問、做事的根本態度。其集中力之強，耐心及毅力之強，都不是一般人所能理解的。

摩羯座的人原本就缺乏社交性，交際手腕不夠高明，很少會去主動擴大交友圈。Ｂ型的人則是廣結善緣，人際關係非常良好，有助於自己的事業、婚姻、財運等各方面的成功。

Ｂ型摩羯座便是綜合上述的組合體，雖然有社交技巧，但不是毫無選擇地結交朋友。除非確定對方是值得交往的人，否則，絕不會輕易接納他人。在做事的態度上也是如此，他常受到Ｂ型與摩羯座兩種因素的相互影響。但是，若是兩者能取得平衡，則成功的機率將相對大增。

愛情緣分～用真心誠意做後盾，偶爾會有擠身豪門的幻想

對 B 型摩羯座而言，送花、請吃飯的追求攻勢，可能會被他視為浮華浪費的表現。一旦在愛情中認定對方，也絕不會把我愛你掛在嘴上，因為他相信只要有真心，對方一定感受到他的心意。然而，這也並不代表他不嚮往浪漫的愛情。事實上，他還是會做麻雀變鳳凰的美夢。如果是女性，會期望眾多女孩迷戀的對象有天會看中樸實而有內涵的自己。其實，如果能把這分浪漫情懷化為一股積極的力量，也許更能擴展這分可能性。

職場工作～失敗為成功之母，努力達成目標就是成就

對 B 型摩羯座而言，工作上的困難或失敗並不算什麼，對有能力的他來說，努力達成目標才是他的最終目的。他適合需要持之以恆、務實的工作，要求速度及激烈變化的工作反而會讓他適應不良。B 型摩羯座的事業運十分旺盛，在通往成功的道路上，用心、勤奮會幫助他披荊斬棘，這是致勝的最佳利器。但是，他的努力必須經過很長時間的累積才能結成果實，所以他應注意，最好不要經常更換目標，否則之前的所有努力都將白費。因此，選定方向之後，只要奮力前進，時間會帶給他最公正的評價。

金錢理財～把錢都拿去投資事業，卻不願意拿來享受

B 型摩羯座凡事以事業為優先考慮。他會為了事業而花錢，卻不會為了自己的享受而花大錢。他可能存款不多，卻不至於有經濟上的困擾。他對金錢的態度非常執著，甚至覺得金錢是一個人生存下去的最佳保障。有時，這種金錢至上的觀念，會自然而然地表現在言談中，會讓他留給別人相當不好的印象，應該小心導正自己的觀念。畢竟，金錢固然重要，但情感更是無價，別太吝惜交際費了。

摩羯座O型

★ 最佳情人：金牛、處女、巨蟹的Ａ、Ｂ型
★ 知心好友：摩羯、天蠍、雙魚Ａ、Ｂ、Ｏ型
★ 暗防敵人：白羊ＡＢ型、天秤ＡＢ型

🐻 性格診斷～堅忍不拔多做少說，不願改變自己的認知

　　Ｏ型摩羯座堅忍不拔的性格，總會讓人忍不住要向他致敬。他是多做少說的實踐家，耐力奇佳的他，對於一般人可能早就放棄的工作仍會默默完成、欣然接受，這樣的摩羯座，想不敬佩他都難。

　　表面上雖然不會堅持己見，但他會以實際的行動來表達自己的信念，審慎的他，彷彿像端坐在金字塔前的獅身人面像一樣，以不變應萬變來面對這個世界。

　　Ｏ型摩羯座是所有摩羯座中最活躍的一族，他們具有Ｏ型血的特質，不喜低調，好發議論，也喜歡跟不同年齡層、不同繩面的人打交道。此外，他還有一顆充滿熱情的心和天生的幽默感，雖然偶爾呈現在外的形象比較專制，卻不失他迷人的魅力，因為他一再強烈的自我要求和自我約束，使自己看起來道貌岸然，不禁令人產生敬畏之感。若是Ｏ型富於彈性的氣質能適時發揮作用，就能給人一種平易近人的好感。每個人的心中都懷抱著一個理想，Ｏ型摩羯座的人也不例外，然而不管是擁有夢想或追求目標，他絕對不會跟現實生活脫節。

　　因此，Ｏ型摩羯座的人老被認為能夠克服現實的困難，朝向自己的道路邁進，是不折不扣的強者。他自己本身也被這種評價所困惑，想維持其英雄式的作風，結果反而使挫折感不斷加深。此外，Ｏ型摩羯座還善於把從別人那裡學來的事物加以消化、吸收，轉而變成自己的東西，以符合自己的需要。例如有某種新知識、新思想時，Ｏ型摩羯座的人就會慢慢反芻其知識的精華，從各種角度思考，如何加以充分應用，使之充分發揮，讓人生一再進階成長。

✑ 愛情緣分～耐心等待百分百情人，太拘泥原則讓愛生變

對愛情總是抱著謹慎態度的Ｏ型摩羯座，即使在愛情面前也會不動聲色，他會耐心地等待和自己百分之百心靈相契合的人出現。由於他對戀愛的忠誠度相當高，因此，對方的情緒很容易直接影響到他。在愛情上幾乎無懈可擊的他，仍有令人挑剔之處，例如他的完美可能讓對方覺得他太拘泥於原則，而自尊心強的他，在吵架過後，可能很難低下頭去和對方道歉，諸如此類的固執，都是讓感情出現變數的原因。

💼 職場工作～為了目標會深遠計畫，不在乎使用各種手段

Ｏ型摩羯座即使是一名小職員，仍會計畫著如何往上爬。他可以為了達到目標，不惜犧牲部分利益，即使只能跨出一小步，他也不會放棄。這樣的人，通常都能獲得很高的成就。因為他不只擁有深藏不露的野心，同時不在乎使用任何的手段，是一個在職場中善於使用權謀的高手。如同一般的摩羯座，他希望擁有踏實且安定的目標，所以選擇職業時，最好也能選擇基礎穩固、能給他安定感的職業。

🍅 金錢理財～擁有賺錢的金頭腦，別因愛面子而散財

講求賺錢方法的Ｏ型摩羯座，非常注重投資報酬率。在他的觀念裡，賣命工作就應獲得相當的報酬，對於不能付出合理待遇的老闆，絕不會效命。他取財有道，所以每一分錢也要花得合理。因此雖然並沒有特別好的財運，卻有可能在不知不覺中存下一筆財富。但是，如果摩羯座強烈的自尊心及Ｏ型的唯美意識同時產生作用，也許就會使他成為一個講求排場的人，如此一來，便要浪費不少錢財在打造自己想營造出的地位形象上。

✲ **最佳情人**：金牛、處女、巨蟹的Ａ、Ｂ型
✲ **知心好友**：摩羯、天蠍、雙魚Ａ、Ｂ、ＡＢ型
✲ **暗防敵人**：白羊Ｏ型、天秤Ｏ型

🐻 性格診斷～不到最後絕不放棄，太保護自己而孤僻

大家都見過山羊吧！牠們溫馴、小心翼翼、極有耐心，總是不疾不徐地走著，成群結隊保護彼此，這就是ＡＢ型摩羯座！

他絕對是個可靠的人，無論環境多惡劣，他永遠那麼慎重而勤勉，而且擁有一流的耐力和毅力，堅持到最後一秒是他成功的保證。在別人眼中，他永遠帶著一副誠懇的笑容，過度輕浮、誇張這些個性上的缺陷似乎都和他無緣。

ＡＢ型的他天生缺乏安全感，所以盡管待人親切、友善，卻不輕易吐露心事，經常見他秉持摩羯座的謹慎個性，用堅固的盔甲將自己包裹起來，不讓外界了解。直到完全確定對方是誠心誠意後，才會敞開心扉接納別人。因此，偶爾會被批評成一個老頑固，這正是他過於謹慎小心的緣故，但是，別忘了，保護自己固然重要，千萬不可因為害怕無心的傷害而拒絕接受真誠的友誼，這是得不償失的做法。

不妨多交一些朋友，以爽朗的性格面對朋友，讓他們知道自己是值得信賴的人，有了友誼的支撐，就不必活得那麼矜。

此外，接觸不同眼界的友人，也能從中吸收他人的優點，讓自己獲得有別於過去經驗的成長；坦然接受他人的同時，別人也會坦然接受自己，自然可放下長期緊繃的防衛心，讓心智蛻變昇華。

愛情緣分～對感情平實又認真，終享愛情長跑的果實

ＡＢ型摩羯座的戀愛觀反映了他們的個性，極為平實也極為認真。他的愛情往往是無形中產生的情感，實在的他，通常需要很長的時間才能認清自己心中的感覺。所以，他的對象多半來自平日熟悉的人，不需講求客套及交往技巧，而由信任轉為互相依賴。事實上，在漫長等待中，對感情他經常舉棋不定，道德感及社會上的制約使他始終保持柏拉圖式的純潔愛情。這樣的個性雖不免帶來暫時的獨身尷尬期，但經過艱辛的愛情長跑，最後定能享有甜蜜的愛情果實。

職場工作～職場馬拉松冠軍，能力按年資成長

ＡＢ型摩羯座認真踏實，做起事來一絲不苟，嚴謹無比。年輕的時候雖然他很辛苦，但隨著年紀漸長，事業版圖也會跟著開拓寬廣，收入也按資歷成長。在做任何事情時，剛開始他或許無法達到自己的目標，但這並不表示他的能力不如別人，因為他是個馬拉松好手，而非短跑健將。由於個性屬於安定型，所以比較適合堅守工作崗位，在穩定中求發展，再加上堅毅的本能，所以無論從事任何行業，都可以獲得不錯的成就，至少也能謀得中上級主管的職位。

金錢理財～腳踏實地白手起家，細水長流而致富

腳踏實地型的ＡＢ型摩羯座，絕少因遺產或橫財而致富。他的財運總是隨著年齡遞增，甚至可以傳給子孫。培養儲蓄習慣是他成為富翁的第一步，有些人天生不善理財，花錢如流水，想要存錢簡直比登天還難。但這種麻煩並不存在於任何一型的摩羯座身上，一夕致富的橫財雖不可得，他卻可以靠細水長流的小錢累積自己的資本。也可以嘗試小本生意的經營，但最好避免賭博或投機性的投資行為，因為他的直覺一向是不太準的。

水瓶座 Ａ 型

★ **最佳情人**：天秤、雙子、獅子的Ｏ、ＡＢ型
★ **知心好友**：射手、水瓶、白羊的Ｏ、ＡＢ型
★ **暗防敵人**：金牛Ｂ型、天蠍Ｂ型

🐻 性格診斷～具有理想主義和正義感，容易輕視思想平凡者

為人親切、友善，卻有點冷漠、難以捉摸；很有同情心，卻始終和人保持一定的距離，這就是Ａ型水瓶座。

由於兼具Ａ型的理想主義和水瓶座的正義感，所以他總是和改革事業、反戰運動或慈善活動有所關聯。儘管他對社會改革運動具有高度的熱忱，但個人的自我觀念卻相當強，不肯輕易承認錯誤。

另外，他重視人人平等的觀念，使他格外痛恨威權，無法忍受藐視弱者的人，如果遇到這種情況，總要反抗到底，絕不寬貸。

水瓶座極不欣賞平淡無奇的思想，對於聲望及地位的期望也不高，喜好如微風般自由自在的生活。他的行動基礎在於求新的精神，天生便具有合理化的思考方式，甚具科學家特徵。

而Ａ型的特徵卻與水瓶座相反，思想古板且墨守成規，完全過著遵照社會規範的生活，不輕易突破現狀，重視溝通，是合群守法的典範。兼有這兩種特質的Ａ型水瓶座，就讓人感到更難以理解。有時他雖持有獨特的見解及思想，但是在行動上卻無法突破，依然照著舊有的步調走。有時則選擇了安全的路線，卻又突然改變了想法，這種種的跡象表示他在思想及行為上極不協調，呈現兩極分化的發展。

他最大的缺點，就是過於重視理想，因為過分冷靜及理智，重視知性及才能的個性，使他很容易成為輕視平凡的人，這對於他的人際關係來說影響甚大。如果過於理想化，容易產生迷惑，畢竟現實的一切與人生走向息息相關，也是不容忽視的一環。

◖✦ 愛情緣分～重視彼此能否共同成長，讓對方缺乏安全感

A型水瓶座會重視對方的個人特質勝過外表樣貌。他希望能建立使雙方共同成長的關係。因此，他的對象必須是知性豐富、人格獨立的人，若能遵守這種原則，才能和他維持良好的關係。坦白說，A型水瓶座的愛情生活是在各方面都很自由的情況下，才能讓他覺得自在舒服。所以對方必須確保給他自由的空間，他也不會要求浪漫的言詞或約會型態，所以有時難免讓對方覺得無趣，再加上他博愛的特性，也可能讓對方缺乏安全感。

職場工作～適合能施展才華之處，不適合官僚組織

頭腦一流、創意十足的A型水瓶座，最不適合組織嚴格或官僚盛行的大型公司。他這種愛好自由、喜歡發揮創造力的人，可能會在這種地方被扼殺了活力，而讓自己覺得英雄無用武之地。兼具豐富才能與向上心的A型水瓶座，只要從事適合的工作，便可望成為該行業的佼佼者。在職場中，A型水瓶座重視精神感覺更甚於物質欲望。對於工作，也認為是自己發揮知識及創造天賦的場所，更甚於賺錢的手段。

金錢理財～可從事副業增加收入，不要擺太多錢在身邊

比較重視精神層面的A型水瓶座，物質欲望淡泊，所以不會過分執著於錢財，若遇上自己的興趣或理想，更會不惜花費，隨心所欲地花掉，一擲千金而面不改色。根本不會想到把這筆錢儲蓄起來，使自己的生活富足一些。如果多利用A型的精細頭腦，只要假以時日，財源便會滾滾而來。建議可從事副業，可使收入更為安定，但不要把多餘的現金擺在身邊。

173

水瓶座 B 型

* 最佳情人：天秤、雙子、獅子的Ｏ、ＡＢ型
* 知心好友：射手、水瓶、白羊B、Ｏ、ＡＢ型
* 暗防敵人：金牛Ａ型、天蠍Ａ型

性格診斷～喜歡與眾不同，如能考慮現實因素更踏實

喜歡與眾不同的水瓶座，再加上Ｂ型的不凡、豪放與樂觀，使Ｂ型水瓶座的人，字典裡沒有「害怕」兩個字。

他的隨和、可親，使他無論身處任何環境，都有超強的適應能力，而且頗得人緣。不過，有時過於豪放的他，對周圍人的心情反應反而有些遲鈍。總而言之，在他看來，世界似乎是為他而存在的，所以別人對他言聽計從也是理所當然的。

在Ｂ型水瓶座中，成為革命領袖者不少，但是若有不慎，也有可能成為獨裁者。

Ｂ型水瓶座的創造能力極強，適合探索研究理論的發明。他窮究事理的態度及獨斷獨行的性格，常常讓人覺得他好發議論，有流於頑冥不靈之嫌。

再加上過於豐富的創造力及奇特的構想，有時因忽略現實而脫離常規，因此，會覺得自己所說的話別人好像聽不太懂，那是因為自己的思想太過先進，令別人無從追趕之故。

Ｂ型水瓶座的另一項特徵是追求自由的氣質。他厭惡任何會成為羈絆、束縛的枷鎖。而地位、名聲、財富的追求皆屬於枷鎖之列，甚至於婚姻也被列入其中。

況且，Ｂ型水瓶座不僅要求形式上的自由，在思想上也追求一個毫無限制的想像空間。但是，能夠支持以上論點的先決條件，就是他必須具備相當獨立的人格，以及能夠承受得住寂寞的人生觀。

愛情緣分～從朋友變戀人機率高，聽到結婚拔腿就跑

B 型水瓶座所欣賞的對象是相當知性的，如果無法和他站在對等立場交換意見的人，他是不會放在眼裡的。他很可能會和對方突然由朋友轉為戀人，正由於過去太缺乏氣氛，所以他從未想到兩人之間可能會迸出愛的火花，但其實透過相處後，他會發現對方正是自己追求已久的對象！然而，成為戀人後，如果對方一旦提出結婚，也很可能會讓他拔腿就跑，因為他所追求的不是共築愛巢的戀人，而是能一起邁向未來的志同道合者。因此，他應盡可能選擇在其它的領域上能勝過他的人，他才能打從心底認同對方！

職場工作～適合從事自由業，多堅持一下就能突破瓶頸

對 B 型水瓶座來說，從事自由業最合適不過了。他不適合在保守體制的企業裡工作，也要避免在嚴守規則和容易受限的場合中上班，若從事過於務實、卻沒有發展自由的工作，失敗的機率會很高。總之，B 型水瓶座一定要選擇能夠利用策畫、構思及獨創的才能發展事業，必能有一番作為。他遇到失敗時的反應，通常都是很快便灰心，或是乾脆放棄。有時候再堅持一下，可能就因此突破瓶頸而獲得成功。

金錢理財～不會成為金錢的奴隸，為人太慷慨大方

B 型水瓶座重視精神甚於物質，所以他是屬於對金錢不太熱衷的人。他不奢侈，只是沒有儲蓄的好習慣，加上為人慷慨大方，社交費用總是居高不下。其實具有前瞻性的他，如果嘗試投資，不難累積財富，可惜他並不熱衷。他之所以不會成為金錢的奴隸，或許是很明白金錢是追求理想的手段而非目的。別人可能對他的豪爽有些不滿，但瞭解的人會讚許他的作風瀟灑。要注意的是，別人為他帶來的財運，可能比他本身擁有的財運更強，因此如果能擴大人際關係，充分發揮才能，一旦為人賞識，財源便可因此滾滾而來。

水瓶座 〇型

★ 最佳情人：天秤、雙子、獅子的Ａ、Ｂ型
★ 知心好友：射手、水瓶、白羊Ａ、Ｂ、Ｏ型
★ 暗防敵人：金牛ＡＢ型、天蠍ＡＢ型

性格診斷～重感情重朋友，自我主張太強

Ｏ型水瓶座大多重感情，尤其重視朋友。與人交往時，他會很注意對方的立場，總是想盡辦法要讓別人感到愉快。這樣的人，人際關係自然不會太差，只不過，朋友歸朋友，對於會干涉他隱私的人，他仍很難接受。

Ｏ型水瓶座大都擁有水瓶座的創意和Ｏ型的大膽，所以他的朋友往往也會被他古靈精怪的行為嚇一大跳，但是多變而快樂的生活主張，也使得他更容易吸引到各式各樣的朋友。

只是，有時他的自我主張太強，往往因為過度執著自己的意見，而與人發生衝突。而他冷靜、一針見血的特性，也可能為他招來太高傲的評語。

Ｏ型是現實主義者，無論處於任何情況下，他都能保持著實事求是的原則，絕不打馬虎眼，雖然外表很容易激動，內心卻能保持冷靜，而以理性來約束自己的言行舉止。在不破壞自己跟別人的和諧之下，追求實際的一面，就是Ｏ型水瓶座的特徵。

水瓶座是理想主義者，追求理想的意念極強，無論在多麼不利的情況之下，也不會輕易妥協。雖然言論激烈，但卻不至於被人憎惡的地步，這是因為他能以冷靜的觀點檢視自己言行的緣故。這一點和Ｏ型的現實主義並不衝突，反而能隨心所欲地過日子，也絕不會浪費生命。其實，他只是想要毫無遺憾地度過現在，並且正確地展望未來，所以Ｏ型的現實與水瓶座的理想主義能在矛盾的融合中激蕩生命的火花。

⊱ 愛情緣分～重視對象的人品及內涵，討厭被感情束縛

在愛情上沒有階級之分的O型水瓶座，即使對方外表不佳、所得不高，他也不在意，他重視的是人品，內涵才是他考慮的重點。在戀愛方面，他顯得相當早熟，他會從長輩或朋友處蒐集資料、多方參考。即使交往的對象無法得到世俗的認同，他也會蠻不在乎地每天同進同出，以示他捍衛愛情觀的決心。但是，陷入愛情，並不代表他就可以完全享受兩人世界。他對感情之「大方」，除了不會約束對方的行動外，他自己也相當博愛，崇尚自由的他，最討厭被專屬於某人的觀念所束縛。

💼 職場工作～旁人都是他的小幫手，不願意為五斗米折腰

擅長自由想像及獨創設計的O型水瓶座，周圍隨時都能聚集許多人來做他的幫手，所以個人工作室或者有想像力的工作都很適合他，若是在大組織裡做個小螺絲釘可能很快就會磨損他的敏銳度。他厭惡時間及精神受到束縛，不但討厭獨裁的上司，更討厭「為五斗米而折腰」的職業。對於必須一板一眼服從規定的工作，會感到厭煩難耐。O型水瓶座個性溫和，會主動關懷新認識的朋友，這種特徵也能活用在工作場合上。但如果水瓶座激烈的個性強烈地表現出來，也許會發生跟人爭執的場面。

🍓 金錢理財～專業比金錢更可貴，會投資在工作或興趣上

不善存錢，對錢也不會執著的O型水瓶座，似乎是無計畫的花錢，事實上，他經手的錢財將來一定都能獲得回饋，加上他卓越的技術能力，以及一票知心的好友，這些都比金錢更可貴。他對親朋好友從不吝嗇，甚至還可以傾囊相助。另一方面，如果是為了工作或興趣，也會毅然不惜花費鉅資，只求更完美的成果。建議錢財千萬別放在身邊，盡量用於吸收新知，這便是增加財富的方法。

★ **最佳情人**：天秤、雙子、獅子的Ａ、Ｂ型
★ **知心好友**：射手、水瓶、白羊Ａ、Ｂ、ＡＢ型
★ **暗防敵人**：金牛Ｏ型、天蠍Ｏ型

🐻 **性格診斷**～保持敏感與超然，別忽略別人的想法

　　ＡＢ型水瓶座就像一部井然有序的電腦，理性是他個性上最大的特徵，任何時候他都對周遭事物維持高度的敏感，但同時也保持超然的立場。

　　不斷變換角度，對複雜的問題加以巧妙的分析，並做出準確的判斷，是ＡＢ型水瓶座最大的專長。同時，他自由的思想及獨特的見解，經常會使人相當驚訝，而他所從事的事業往往也具備了開創性、前瞻性的精神。

　　他強烈的理性傾向及科學化的處事態度，讓他常會提出突破一般慣例的作法。別人總是難以接受他太合理化、太冷靜而又苛求完美的個性，因此他常被歸為異類。

　　ＡＢ型水瓶座在想法及做法上總是比別人早跑個數年，走在時代的前端。更常利用合理的推斷能力去預測未來，同時要求別人相信自己的看法，可說是屬於「先知」型的人。往往在別人之前，早已看清某個事件的脈絡。

　　ＡＢ型水瓶座經常遭到誤解，被視為缺乏感性的人。不過，所幸在一段時間的相處之後，ＡＢ型普遍具有和藹可親的性格，及水瓶座天生的友善會幫助他克服困難，逐漸打破別人跟自己之間的誤解及隔閡。到最後反而會著迷於他特殊的智慧，成為好朋友。

　　值得注意的是，千萬別太強調自己意見的重要性，總是覺得別人不如自己，而忽略了別人的建議，讓人感到太不可一世。

愛情緣分～不在意任何擇偶標準，只在意心靈契合

ＡＢ型水瓶座的前衛思想及知性想法，在戀愛中最能表露無遺。他不會過於在意社會標準或關於擇偶條件的勸告，因為他認為最重要的是彼此間心靈的契合。此外，ＡＢ型水瓶座也常會陷入分不清是愛情或友情的漩渦裡。所以，他的戀愛關係可能會從朋友開始，了解彼此對人生的看法，而後發覺彼此都無法找到更投緣的對象，就此展開一段安靜但基礎穩固的戀情。

職場工作～希望能在自由環境施展，暫時的轉換別在意

對金錢報酬並不重視的ＡＢ型水瓶座，不想受組織或團體的束縛，只求能夠自由伸展抱負。由於他善於利用時機、創造機會，同時在熟悉工作後，也頗能發揮獨特的個人風格，所以能為事業帶來意外的進展。他最適合的職業，也是唯一能夠長久持續下去的職業，便是能夠自由發揮才能的工作，通常是富有藝術氣息或是不受太多約束的自由業。如果找不到符合興趣的工作，不必太留戀一時的安定及收入，即使是不斷轉業，只要能在最後成功，暫時的付出及等待仍是值得的。

金錢理財～對金錢沒概念，但收入來自獨特的方法

ＡＢ型的人一向只求溫飽即可，加上水瓶座的人沒有金錢概念，因此財富常常很快就消失無蹤。不過，講求精神生活的他，從不會因缺錢而煩惱。因為聰明的ＡＢ型的人對於賺錢也有獨特的方法，他能夠依照個人的才能及獨創力化解金錢方面的危機。因為他的收入會高過一般人，但是，相形之下，為了享受生活，支出也會隨之增加。最好的解決之道是必須為自己保留一筆救急預備金，以備不時之需。

★ **最佳情人：**巨蟹、天蠍、處女的Ｏ、ＡＢ型
★ **知心好友：**雙魚、金牛、摩羯的Ｏ、ＡＢ型
★ **暗防敵人：**雙子Ｂ型、射手Ｂ型

🐻 性格診斷～善良無私，要學會保護自己

Ａ型雙魚座性格上最大的特徵是「人飢己飢，人溺己溺」，再加上Ａ型特有的服務精神，使這項特色更為突顯。

他對旁人無私的奉獻，基本上是相當令人感動的。不過這種善良卻很容易被人利用，所以在情路上，他往往會比一般人走得更曲折，因為在他付出真情之前，很少會考慮到對方到底值不值得。

Ａ型雙魚座除了給人善良的印象之外，還有十足的神祕感，而且想法獨特，經常天馬行空。你如果和一位Ａ型雙魚座的朋友聊天，你可能會發現他眼睛看著你，可是心思早不知飛到哪裡去了。

Ａ型雙魚座的另一個特徵，就是一方面崇拜靈魂的聖潔，對崇高的事物容易感動，一方面又渴望滿足欲求的行動，即使對世俗的事物也能有所感觸；一心傾慕聖人的風範，一心又眩惑於小人所灌的迷湯，並且經常把君子及小人放在同樣的標準上來加以衡量。

由於這種雙重性，使這種人的性格很複雜，但是，基本上他仍然期待著平實的生活方式，不會沉迷在夢幻般的想像中。此外，他無論在什麼狀況下，都不會感到絕望，應付環境的能力超人一等。

雖然他承認各種事物都具有雙重性，但身處其中，卻能運用豐富的想像力使他們連接起來，而對生命有了不同的意義，因此不管置於何處，都能感受到輕鬆又自在的氛圍。這種極具彈性的心智，不只讓自己置於何地皆能有所吸收成長，也讓他比一般雙魚座更能實現自己的理想成就，是能夠讓美夢成真的類型。

✿ 愛情緣分～既專情又濫情，切勿來者不拒招麻煩

　　A型雙魚座的愛情觀可說是既專情又濫情。雙魚的專情在於他們一愛上對方，就會奮不顧身地一再付出，雙魚女甚至會以獻身來證明他的愛。雙魚的濫情則是因為他很容易就對別人「有感覺」，所以常使自己陷入無法自拔的境地，再加上意志薄弱，即使不喜歡對方也來者不拒，以至情場糾紛不斷。奉勸A型雙魚座的人要特別注意，別過分為別人著想，這可能使他羅曼史不斷，但也可能最後孤獨一生。

💼 職場工作～自成一格的藝術家，別被現實的激流沖走

　　A型雙魚座的腦子大都充滿各種奇情幻想，再加上個性不愛計較，喜歡服務人群，如果能將二者互相結合，就容易成為自成一格的藝術家。不過，值得注意的是，千萬別讓自己在現實的激流當中，被沖離了既定的方向。如果想順利地循著原定路線前進，對於人生的立足點的穩定與否相當重要，故應及早立定方向，尋找適合的工作，才能盡情發揮其專長，傾注全力去發展工作。如果已擁有自己喜愛的工作，在任何環境下都能有傑出的表現，因為他為理想奮鬥的決心，相當令人欽佩，值得效仿。

🍊 金錢理財～不食人間煙火，才能與直覺是致富秘訣

　　有點不食人間煙火的A型雙魚座，簡直沒有金錢觀念，又沒有處理日常生活的能力，所以經常背了一屁股的債。奉勸他少借點錢給別人，此外，適時地走出封閉的象牙塔，讓別人肯定自己的才華，錢才有可能進到他的口袋裡。才能及直覺能力是他致富的秘訣。如能受到贊助者或欣賞者的熱烈支持，讓自己的聲望如日中天，身價自然扶搖直上。若是想要獲得好財運，就必須讓大家肯定他的才華和風格，這是財務健全與否的關鍵所在。

✳ **最佳情人**：巨蟹、天蠍、處女的Ｏ、ＡＢ型
✳ **知心好友**：雙魚、金牛、摩羯Ｂ、Ｏ、ＡＢ型
✳ **暗防敵人**：雙子Ａ型、射手Ａ型

🐻 性格診斷～感性總勝於理性，想法情緒飄忽不定

對事物反應敏銳的Ｂ型雙魚座，是感情勝於理性的人。可以感受到他人心中細緻的感覺，然而太在乎別人的看法，又使他變得有些神經質。所以，他很容易因為別人的一句話而傷心不已。

不過因為Ｂ型的關係，所以會讓這類型的人性格中帶有光明面與黑暗面。有時，他會因揣測別人的想法而貶低自己，但過一會兒，自己又會完全推翻這種想法，使周圍的人完全摸不清他到底在想些什麼。

Ｂ型雙魚座是典型的近朱者亦，近墨者黑的人，周圍的人對他有絕對的影響。如果周圍換了新的一批人，性格可能又會有所變化。不過，過分迎合別人對他來說，會是相當辛苦的一件事。通常，Ｂ型雙魚座的人隱藏兩種截然不同的觀念，亦即對失敗可能十分在意，也可能看得很開，前者是雙魚座性格的呈現，而後者，則是Ｂ型氣質的顯露。

當他面對一件事時，可能前一刻還因害怕而顯得陰沉，後一刻卻又表現出非常豁達的態度，所以，Ｂ型雙魚座的人，內心是高深莫測的。一般而言，他比較重視精神生活，而不是物質生活的奴隸。他對美及藝術有很敏銳的感覺能力及表達能力，但對現實生活卻採取漠視的態度，是追求美與夢想的藝術家。

因為他的興趣很廣泛，有向各種夢想挑戰的勇氣，但或多或少有點朝三暮四的傾向，在迂迴前行的過程中，反而讓志氣消減，也讓夢想總是遠在天邊。

愛情緣分～懂得欣賞每個人的優點，容易因此而受騙

對於來者不拒的Ｂ型雙魚座而言，在他眼中，誰都是好人，他也相信任何人都具有獨特的魅力。只是當他一旦長期交往後，才會發覺事實並非如此而後悔萬分，如果是雙魚女，甚至有人財兩失的可能。不過，善良的他，即使戀人提出分手，他也很少懷恨在心，不會從此視對方為陌生人。因為他相信，自己所愛的人的幸福就是自己最大的幸福。對他而言，戀愛並不是為了走入結婚禮堂，更不會因為覺得生活無聊而想找個伴，因為愛情是神聖的，是精神上全然地溝通，既然無法達成共識，就讓彼此自由吧！

職場工作～用藝術才華去選擇職業，不適合商業環境

想像力豐、直覺強、多愁善感都是Ｂ型雙魚座在工作上最大的財富，但他缺乏商業才能與實務方面的能力。此外，由於他的性情過於柔和，也不適合在競爭激烈的公司裡工作。如果，他能依照藝術才華來選擇職業，隨興地發揮，對他的職業生涯來說，是最佳的選擇。最好不要去做生意，很容易會虧本，如果只是負責服務性質的工作，由於不錯的人緣和氣質，他絕對可以愉快勝任。

金錢理財～總是搶著為他人付出，卻沒衡量口袋深淺

和朋友外出，一定搶著付帳的Ｂ型雙魚座，若見到喜歡的東西，即使口袋掏空也要買下來。但這並不代表他沒有金錢概念，其實他也可以無欲無求，即使口袋沒錢也無所謂。此外，如果借錢給別人，十之八九會收不回來，因為他不會催討，甚至根本忘掉。在這種情形下，金錢當然要不回來，對這方面，還是小心為妙。為人別過於海派，錢財得來不易，還是勤儉一些為好。

★ **最佳情人**：巨蟹、天蠍、處女的Ａ、Ｂ型
★ **知心好友**：雙魚、金牛、摩羯Ａ、Ｂ、Ｏ型
★ **暗防敵人**：雙子ＡＢ型、射手ＡＢ型

🐻 性格診斷～悲天憫人博愛善良，缺乏主見而隨別人起舞

世界上沒有比Ｏ型雙魚座更好商量的人了。事實上，Ｏ型的多面性，使他能以充滿彈性的態度來對待他人，而尊重別人的程度，也幾乎令人懷疑他是否有自己的主見。這些特性使他成為悲天憫人的人格，甚至可能會突然收拾起行囊，前往非洲或某個落後的地區，去實踐他的博愛精神。

事實上，Ｏ型雙魚座絕不只是一個好人而已，在Ｏ型的影響之下，對於現實，他也多半能冷靜分析思考。只是他太過於相信別人，經常使自己蒙受不少損失，而過分擔心別人的事，也使他忘了自己的步伐，在不知不覺中跟著別人起舞。多培養果斷力，是減少對自己傷害的不二法門，而亦步亦趨活在別人的陰影下，也有失人生意義。

無論男女，此型的人都具有一顆超乎名譽、利益的純潔之心。即使明知自己會吃虧，仍會一本初衷地堅持下去。由於心地善良，性情溫和，所以在現實社會裡，也比其他人更容易受到傷害。若能遇到可靠的友人，協助判別是非或許就可以減少自己受傷的機會。

假如Ｏ型冷靜、理性的氣質較強的話，也許會意外出現性格直爽型的人物，但是一般而言，Ｏ型雙魚座多半是脆弱而容易受感情所左右的。這或許是缺乏主見對自己沒有信心的緣故。由於這種性格，使自己在決定小事情時，也往往拖拖拉拉花費很長一段時間，如此缺乏果斷力且意志薄弱，更是致命傷。

🐟 愛情緣分～把感情視為人生全部，朋友和情人界線分不清

視愛情為人生全部的O型雙魚座，會為心愛的人犧牲一切，盡管他並不巴望對方也能相對回報，但內心卻充滿著對浪漫情節的期待。專情的O型雙魚座很容易憑直覺做決定，而他若無其事的笑容與晶瑩剔透的眼眸，也很容易引來異性關愛的眼光，若是別人追求不斷，往往使得他的男朋友或女朋友有被騙的感覺，甚至拂袖而去。其實，這實在不能怪他，只是他魅力的笑容太吸引人了。不過，仍奉勸他要把情人和朋友區分清楚，免得引起無謂的困擾。

💼 職場工作～應為現實而認真工作，並檢討工作方法

如果雙魚座氣質較強時，可能會缺乏主見，半途而廢。所以應多加強O型氣質，讓O型的毅力和堅持表現出來，別人才能託以重任。另外，自己也應看清社會的現實性認真工作。雖然他並非是不敬業的人，但在工作的態度上，最好能積極一些，讓別人瞭解自己的決心。在選擇適當的職業之前，應先對職業有一套完整的計畫，然後，更要檢討對工作的處理方法，才能有所成長。

💼 職場工作～對錢看得太開，還好有貴人相助加持財運

O型雙魚座是願意為他人花錢更甚於花在自己身上的人，盡管他經常在事後後悔，但仍樂此不疲。建議最好平日做好用錢的規畫，以免全部報銷。所幸O型雙魚座對金錢非常看得開，即使生活得很拮据，仍能保持愉快的心情，這種態度會被周圍的人認為太傻了，但意外的是，他常能得到貴人相助。由於長期的歷練，使他學會圓滑的處世態度，久而久之，就會累積許多寶貴的經驗，若別人有心匡騙，判斷也會更為敏銳，減少錢財的損失，雖然命中有貴人相助，但最好還是多培養判斷能力，以免落得兩袖清風的結果。

＊ **最佳情人**：巨蟹、天蠍、處女的Ａ、Ｂ型
＊ **知心好友**：雙魚、金牛、摩羯Ａ、Ｂ、ＡＢ型
＊ **暗防敵人**：雙子Ｏ型、射手Ｏ型

🐻 **性格診斷**～性格隨情緒變幻莫測，懷疑自我失去方向

　　ＡＢ型雙魚座的個性就像流浪的吉普賽人一樣，情緒變幻不定，他可以因陽光而滿心歡喜，也可能因秋天的落葉而傷感，他隨時都會因情緒的改變而做出不同的反應。

　　他頗具謙虛的美德，因此與別人爭強鬥勝、相互較勁的事他一向做不來，受人之託、忠人之事是他處事原則，他經常寬宏大量原諒別人，即使因此受傷也無怨無尤，對朋友來說，他是個最好的聽眾。

　　然而，溫和的人有時難免無法堅持己見，失去原則，因而往往給人懦弱、言行不一的印象。而缺乏自信心的他，會經常懷疑自己的能力，也形成畏首畏尾的毛病。

　　同時，個性多重的他經常覺得矛盾萬分，精神處於善惡交替的狀態。有時理性占上風，相信世間的事物操之在我，開始積極計畫人生，但在轉瞬間又陷入情緒的操縱之中，否定現實中對自己不利的一切事物。更糟的是，由於人生態度不夠樂觀，造成他不斷退縮，甚至會幻想自己成為別人障礙，因而無法鼓勵自己去獲得應有的權利及成功。

　　「優柔寡斷」是他性格中極大的弱點，雖然他會帶來安定及風平浪靜的生活，但是永遠無法使自己成為獨當一面的人物。

　　而他遇事可有可無或一再變卦的態度，會為自己招致「光說不練」或「言行不一」的評價，雖然他無意騙人，但也會降低別人對他的信任感，不可不慎！

愛情緣分～全然憑靠感覺，視剎那為永恆

即使他具有ＡＢ型的理性，仍掩不住雙魚座強烈的情緒化。尤其在愛情方面，不論對方條件多理想，他不喜歡就是不喜歡，絕不肯點頭。然而，如果對方發動攻勢，基於順應他人的習性，他總會不自覺地給予回應，私下卻苦惱不已。相反地，明知對方不過在利用他，只要喜歡，他也會不顧一切愛到底。對ＡＢ型雙魚座而言，愛是無所謂占有或奪取的，他只希望一心一意地付出、去愛，且視剎那為永恆，對過去的錯誤他很少能記取教訓。

職場工作～應該慎選工作夥伴，培養對自己的信心

對ＡＢ型雙魚座而言，競爭性強、講究效率及心機手段的工作，是最不適合他的工作選擇。因此，激烈的商業、服務業工作並不適合他。如果無選擇的餘地，也應該慎選工作伙伴，並學習不輕易妥協的精神。ＡＢ型雙魚座的人，適合的工作大都和文化事業及服務性質有關，在這些行業中，沒有太多工作壓力，而且適合ＡＢ型雙魚座的氣質及靈思慧心的天分。無論從事任何工作，他都必須培養對自己的信心，才能使別人也對他產生信心。

金錢理財～對金錢很容易滿足，用理性調整收支狀況

ＡＢ型雙魚座一生財運的關鍵推手，便是他平日的人際關係。由於他會為了幫助人而拼命節約，所以有需要時，別人也很樂意幫助他。最好多發揮一點ＡＢ型的冷靜，調度自己的收支與花費。一般而言，他對金錢很容易滿足。想更進一步獲得更多的金錢，但ＡＢ型揮霍無度，是他致富的最大障礙。雖沒有偏財運，但憑藉個性上的優點及事業夥伴的支助，一樣可以擁有相當的財富。

人生如同牌戲，別希望可以拿到什麼樣的牌。
不管拿到什麼牌，用盡你的技巧來打好牌。

～布爾沃‧李頓 (小說家)

語不驚人死不休の
血型排行榜

哪種血型最愛說謊？耳朵
最硬？抗壓性最低…？

還有哪種血型最有機會登
上富比世排行榜…等勁爆
排行！

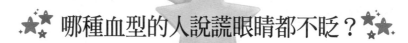

哪種血型的人說謊眼睛都不眨？

NO.1 O型～最愛誇大其詞，但大家都知道他在說謊

O型的人雖然非常積極能幹，但也好出風頭，而且非常擅長利用言詞蠱惑人心。如果他昨天做了一件善事，例如參與送愛心到弱勢家庭的捐款活動，為了強調自己的善心不落人後，明明偶一為之的行善，他卻會說成自己對於各種愛心捐款更是不遺餘力，為了取得他人的信服，可能還會語焉不詳地扯東扯西，最後更道出為善最樂、並說服眾人跟隨的心境。誇大地把自己形容為社工人員一般。

即使有點心虛，但因為講出來有助於抬高自己的聲勢，而且這種事也沒什麼好查的，所以隨口說說，就能滿足自己的虛榮心，又不會被天打雷劈。問題是，身邊的人皆清楚他的能耐，既然又是例常性的虛張聲勢，聽聽就算了，也沒任何人放在心上。

NO.2 B型～說謊得理直氣壯，被發現還是死鴨子嘴硬，

B型的人感覺敏銳，做事全憑直覺，大部分時候行事作風都非常的光明磊落，所以常給人「這個人很老實」的感覺。不過，在遇到有些無法坦然面對的時刻，他就會展現死鴨子嘴硬般的硬辯。

例如：老師昨天明明說今天要繳作業，不過因為他昨天沒寫，到要繳交作業的時候，自然是一陣尷尬。這時，他可能寧願裝迷糊地說：「老師，我昨天忘記帶作業簿回家。」（其實作業簿明明就一直乖乖地待在他包包裡，根本沒露臉的機會）如果被老師發現了，他可能會轉而說：「可是我昨天在書包東翻西找，怎麼就是沒找到，害我很著急！」其實只是因為他不想承認自己有耽溺玩樂的一面而已，但這時要是再追根究柢，B型人很有可能會翻臉的。

NO.3 AB型～平常談吐就很深，說謊功夫更高深莫測

　　ＡＢ型的人平時待人接物就很成熟，而且客觀又理性，不過他和人群中始終隔著一點距離，有時候思想也異於常人，基本上對於有些事情，大部分的人都不會這樣想，當他表達自己歧異的觀點時，其實就是聽聽而已，一點也不想深入聽他的見解（大部分時候聽起來很有道理，卻大部分情況下，大家都做不到）。

　　所以他如果說自己從學生時代就熟讀哲學，後來家裡甚至有好幾十本的哲學著作，所以對於現代人邏輯謬誤的情況，他甚為不解。事實是，可能家裡那幾十本哲學書中，他只有認真研讀過兩、三本而已，不過這種賣弄知識的謊言，除非自己有料的人，否則也很難戳破。他愛怎麼講，就讓他去講好了。

NO.4 A型～寧願坦白也不要罪惡感，頂多說善意謊言

　　對Ａ型的人而言，他平時行事律己甚嚴，謹言慎行。因此在做人方面，他最在意的就是對方是否真誠以待，擁有這樣中心思想的人，要學會說謊這種花俏的技巧，以他的個性還真的學不來。遇到自己本分被質疑的時候，他會先認錯，再提出彌補的方法，因為他深深地認為知錯能改、善莫大焉是最正確的理念。

　　在某些特殊情況下，他可能會隨便塘塞一些善意的謊言，是要避免造成衝突。例如：如果酒肉朋友找他聚會，其實他一點也不想去，也覺得跟這些人出去沒意思，但又不願傷了人情，因此他可能會說：「抱歉，我那天要陪我老婆回南部的娘家，抽不了身。」這種善意的謊言，誰不是打娘胎起就朗朗上口了呢？

哪種血型的人好勝心最強？

NO.1 O型～我不甲意輸的感覺，人生就是愛拚才會贏

在現代的社會中，為了生存大多數人都變得非常圓滑，甚至不敢明目張膽地表現出自己求勝的欲望，一方面是害怕自己到時候若輸了沒台階下，一方面是想隱藏自己的實力，不想讓別人知道，甚至害怕別人說他野心太強。但 O 型人就是屬於天生具有旺盛企圖心的人，他這一生就是為了展現自己在世界上所存在的價值而誕生的，所以他往往不畏人言，就是想要做自己。

在要任何環境中，O 型人都會表現出自己強大的適應能力（馬上和大家打成一片），甚至只要有舞台，絕對不吝展現出自己其實比別人更優秀的才華，雖然他有好勝的個性，但卻有溫和的脾氣，而且只要有想衝的目標，他的專注力與興致會超乎尋常的高昂，甚至具有逆境成材、越挫越勇的氣魄，他的人生就是愛拚才會贏！

NO.2 B型～如果有興趣，說什麼也要做出一番成績

B 型的人在每種情況下，求勝的欲望會不同。因為 B 型的人個性爽朗，凡事喜歡隨心所欲，如果目前在競爭的這件事，是他有興趣的議題，他的心中就會燃起熊熊烈火般的鬥志，說什麼也要盡心盡力衝第一，甚至有時候為了讓自己出風頭，或攸關切身利益時，還會不惜出現扯同僚後腿的情況。不過若這件事根本無法引起 B 型的興趣，他根本連參與都覺得在浪費生命，還不如去參加別種競賽比較有趣。

NO.3 A型～因為怕輸了難看，根本就不敢爭取

　　A型的人，不做沒有把握的事，也不參與沒有把握的競賽，如果知道接下來自己要投入一場比賽中，他一定會做好萬全的準備、努力研究，當他覺得自己準備得差不多了，他才會投入比賽，但也不會公然地告訴大家，他做的這一切是為了奪得第一名，因為到時候要是沒有第一名，臉皮薄的A型會想找個漏洞鑽下去。

　　為了避免落入這種窘境，他寧願默默努力也不要展現出爭強好勝的野心，（如果想得到第一名，通常他只是想驗證自己的努力方式是最正確的，讓別人覺得他怎麼這麼聰明），甚至一開始會說：「我不想參加這種比賽。」不過他其實還是會默默準備好的啦！

NO.4 AB型～什麼贏不贏的，太庸俗了

　　雖然ＡＢ型的人有一定的現實感，卻不會為了現實而拋卻對人生的信念，讓自己於流俗的人事中，為了一時的輸贏殺得頭破血流的，他們認為這有失自己的格調。最主要，還是因為他們對於人生成就、人生成功的觀點，也易於常人，他認為，這一生，我只求自己過的安適自在，何必去與別人競爭。當別人投身於現實的競爭之中時，他可能跑去投入研究藝術、文學……領域，然後再冷眼旁觀其他人競爭後的情勢，與為了爭一時的勝利而耗盡自我的頹勢，對ＡＢ型的人而言，不管結果是贏或輸，一旦心境上「在乎」輸贏之時，自己就已經輸了，所以他絕不願加入這樣主觀爭奪的戰局。

哪種血型的人最容易登上富比世？

NO.1 O型～投資門路一籮筐，大膽嘗試大膽撈

　　O型人的心臟比任何人都大，也更懂得利用自己現有的金錢去做適當的投資，其實大部分的O型人都對數字很敏感，對於理財也有一定的興趣，更熱衷於各種各樣的投資方式，他不只是具有生意頭腦，對於自己有把握的項目，一定會放膽一搏。

　　雖然有時候你會覺得他有點摳門，但骨子裡卻帶有冒險的熱血。此外，O型很擅長交際應酬，處世靈活，善於抓住各種機會，又不怕吃苦，作風頑強，所以很容易嶄露頭角，成為白手起家的大富豪。

NO.2 AB型～能從世俗的變化中，嗅出投資商機

　　ＡＢ型的人對於理財有自己的一套方法，他不會輕信業務人員之言，他可能自己看準一支股票後就大量購入，一擺就動輒十年以上，用長期的投資獲利分散掉短期的風險。而且不管他多堅信自己的投資標的，一定會保留一筆額外的預備金。

　　ＡＢ型天生敏銳的洞察力和分析能力，讓他總能從理性判別中嗅出商機。而且，ＡＢ型是屬於看起來沒有一點富人架子的類型，當你覺得他與一般人無異之時，他可能這一週才投資獲利百萬卻不動聲色，這就是ＡＢ型人的本領。

NO.3 A型～不見得有賺錢的天賦，卻有存錢的本事

保守的A型人，對於理財很謹慎，一絲不苟，打拼了一輩子會在存摺裡留下不少積蓄，如果沒有錢的話會覺得十分沒有安全感，所以會在自己的存摺金額上面慢慢增加一個個的零。做事謹慎穩重的他們，不太會考慮把金錢拿去投資，雖然不見得日後可以大富大貴，但存款數字隨著年齡增長絕對沒問題。

不過，A型人若投資會很有研究精神，他會先判定投資後的相對報酬與風險，當有一定的把握之後，才會付諸行動，金錢上的增加，對於心理素質穩定的A型而言，其實享受的是賺錢的過程，而不是賺多少錢，因為就算少了這筆錢，他也早就把老本存好了。

NO.4 B型～投資全然憑感覺，自己創業才幸福

B型的人雖然知道「投資一定有風險，基金投資有賺有賠」的觀念，但等到他出手的那一刻，還是大多憑直覺，這時就只能看當時是否也有相對的財運來加持，否則多半是認賠收場，即使如此，他也不會感到心疼，心想：「反正錢這種東西就是來來去去嘛！」完全不想知道自己是哪裡看走眼，下次還是會憑直覺而行。

盡管如此，B型因不喜歡受束縛，如果長期身為他人的職員，很快就會讓他全身不舒服，因此一有機會就會想要自己出來做老闆，而B型的社交能力也能成為他的後盾。所以與其想要一夜翻身成為大富豪，不如掌控自己能掌控的事業，他樂觀的心態，也會伴他走過各種難關，雖然沒辦法擠上富比世，但自己做老闆也很輕鬆惬意，何必為投資膽顫心驚呢！

⭐ 哪種血型的人聽不進人言？⭐

NO.1 B型～管你是長輩還老闆，你說你的我做我的

不是說 B 型人最隨和了嗎？其實 B 型人的好相處，只有在熟悉的環境和朋友中，才會顯現出來，一般情況下，其實會讓人感到他的疏離感。他總想：「不管別人看法如何，我只說自己想說的話，做自己想做的事。如果每個人講話我都要聽的話，那不是顯得我很沒主見嘛！」

也許有人會認為這是為了標新立異，事實上，他只是對自己的想法有一定的自信，在想法站得住腳的情況下，去完成自己想做的事，至於其他人的考量與建言，或是什麼風險的評估，他才不想管這麼多呢！如果每個人都無法隨心所願地做自己，那這個世界不是很無聊嗎？這種想法常讓旁人覺得他很反骨。

NO.2 O型～受不了一直被碎念，敷衍行事其實沒在聽

在眾人認知中帶有「固執」刻板印象的 O 型，經專業研究過，相較於 B 型先天的我行我素，其實 O 型的固執是屬於後天養成，而非先天的性格如此，也就是說，當他慢慢對某件事形成自己的想法之後，或是從父母身上沿襲某些觀念後，就很難再被改變，不過，如果現實情況改變了，碰了壁的 O 型還是會做修正的。

因此，對於任何事都有自己一套見解的 O 型人，如果遇上無法認同他想法的人，他會一概把對方想成——「你根本就不了解我為什麼要這樣做」來逃避別人的碎念，基本上他也不願意多加解釋，為了讓對方閉嘴，他會假裝圓滑地說：「你說的我了解了。」其實他心裡根本就不是這樣想的勒！

NO.3 　A型～假裝虛心接受建言，但照做的機率非常低

　　A型人的團體歸屬感很強，非常尊重規則，因此在團體中，常常否決或隱藏了自己的見解，去屈就別人，即使明知自己的想法是對的，也不敢和別人據理力爭。當A型人做出一個決定後，通常會一直反覆思量：「不知道這樣做，他會怎麼想？」總是極端謹慎，恐怕這個行動，會引起別人攻擊與反感，對於事情常求無過，不願冒險，是一個容易妥協的人。

　　不過這種潛意識的保守個性，只是為了讓別人不了解自己內心真正的想法（以免引起對立或攻擊），其實對於他心中有定見的事，並不會輕易放棄，也不會真的採行別人的建言，他會等到多數人都可以接受的時候，再提出來，到時候，旁人可能才會發覺：「原來你還沒放棄啊！」

NO.4 　AB型～會認真採納，讓對方有成就感

　　雖然A型小孩是讓人覺得最乖的，但AB型小孩其實才是真正裝乖裝得最像的。為了避免引起與理性的他相牴觸的各種爭端，不管別人說的什麼意見，AB型人都會笑笑地接受。一方面基於他是天生的溫和主義者，不喜與人對立、爭辯，一方面是理性的他其實覺得：「別人的話聽聽又無妨，反正做決定的還是我嘛！」

　　因此他會真心地聽取他人的建言，並在心中審時度勢地判斷——「何者對我才是最有力的方法」，甚至可以抽離到連自己原先的主見都可以先擺一旁，重新再下決定。難怪AB型人能夠在與他人維持和諧關係的同時，又可以做出最合理客觀的決策，因為他的理性大腦不容許他感情用事，哪邊有利就朝哪邊做就是了，何必在意是誰的想法呢？

哪種血型的人是工作的得力助手？

NO.1 A型～對人對己都要求甚嚴，專注力集中

　　A型人是行事非常謹慎的人。不管多麼細微的小事，都要計畫一番才能付諸行動。如果上級有明確的指示，A型人絕對會達到超乎主管期待的水準。因為A型人不論對人、對己都很嚴厲，擁有很重的責任感，往往在職場之中顯得不夠圓融。

　　例如：當下午茶時間，別人在輕鬆交談之際，A型人會提醒自己──「現在還是上班時間。」而將自己的注意力拉回到工作上，一旦他投入工作的執行中，除非告一個段落，否則任何情況都很難使他分心。重點是，A型人不會出現爭功諉過的情況，他會默默做好本分該完成的工作，領自己應得的福利，不因自己的認真而有額外要求，無疑是主管或老闆最能信任的小幫手。

NO.2 O型～做人成功做事靈活，難免因權衡不下而失準

　　O型人在工作上，是屬於目標導向的人，一旦有了遵行的目標，絕對會努力達成，無論中途有任何險阻都會極力排除。O型人相較於A型人，做事時會有更高度的靈活性，而且，他其實是做任何事都要和別人比賽的性格，所以如果上級將工作委任於他，為了自尊，說什麼也要使命必達，在職場上是個非常有進取心的人。

　　相較於A型的埋頭苦幹，O型會很重視團隊的默契，在達成目標的同時，不忘維持周邊的人際關係，為的是下一次如果有合作的機會時，行事會更順暢無阻。不過，基於想當工作第一與人緣第一的考量，難免有顧此失彼，而讓自己的立場失準，導致行動成果不如預期的時候。

NO.3 ＡＢ型～最聰明的參謀長，對於基層工作參與度低

ＡＢ型人有身為實業家的一面，但也不會拋卻心中的理想，做事情非常講效率和方法，所以他往往是在最短的時間內精確完成主管任務的聰明人，所以團隊中若有多位ＡＢ型人，工作效能絕對會大幅成長。

不過，就是因為他的聰明睿智可能甚至超越上級的思維，個個都是運籌帷幄的專才，因此能提出形形色色的完美企畫。只是，意見一多，顧慮就多，最後可能連最根本的工作都還沒人做，他適合成為上級的智囊團，但大部分時候，公司的主管需要的是執行者，而不是隔岸觀火的參謀長，難免在自我角色錯置下，被主管在心裡畫一個叉還不自知。

NO.4 Ｂ型～很容易受到情緒影響工作，也缺乏向心力

Ｂ型人其實心思很單純，卻因此容易受到別人的影響。即使主管已經委任工作，但如果別人告訴他：「其實主管說的方向有誤，要這樣做才對。」他很容易就會在心理產生質疑，最後憑自己的直覺決定到底該如何執行，結果難免會與主管預期的方向有落差。

此外，Ｂ型人即使在工作時，也難掩情緒起伏。如果家中或感情上發生什麼狀況，會連帶影響到他對工作的專注力。Ｂ型人對每件事都有個人的觀點，先不論正確與否，如果他的理念長期與公司的方向相牴觸，就算會完成主管的交辦，其實只是在累積心中的不滿，有一天，他可能會全盤托出自己的不滿，或是乾脆去尋找理念更符合自己的公司。

哪種血型的人最摳門？

NO.1 A型～既不想浪費錢，更不想欠人情

　　A型人注重計畫，因此通常會事先想好要買什麼東西，並估算過每個月的花法，只是有時在出門後，如果一看到品質精良的東西，就會忍不住買下來，結果在不知不覺間超出了預算。

　　不過，就算A型人偶爾會超出預算，但一般情況下，他還算精打細算，對各方面都十分省吃儉用，絕對不可能主動為聚會出錢，或是常買東西請大家吃（在他覺得自己有付錢的責任下，則會自動乖乖付錢）。不過在朋友向他求援時，他還是會適時的伸出援手，只是這樣的情況不過是特例而已。

NO.2 AB型～他的錢只想用在自己想花的地方

　　平常絕對完全看不出他有小氣性格的ＡＢ型，其實在錢方面算得很精，相當有理財觀念，認為自己賺的錢光是實現心中的理想都不夠了，哪有閒餘可拿來花在其他地方。

　　他們不會主動請客，甚至也不希望別人請他們客，他並不是為了省錢或擔心欠別人人情，其實只是他與生俱來沒有什麼禮尚往來的觀念罷了，所以，不了解他們的人，往往會產生誤會。如果你有一位ＡＢ型的朋友，可能會覺得他什麼都要算的一清二楚的，就連一同去麵攤吃麵，他也會分毫不差地出他該出的錢，強調各付各的。你可別認為他很計較，因為他們也不會隨便占人家的便宜。

NO.3 B型～想付的時候就很爽快，不想付時一毛不拔

B型的人雖然個性大咧咧的，平時為人也懂得節儉，並不是真的愛亂花錢的人。不過因為他很阿莎力的個性，如果覺得今天有「老子想請客」的想法，就會毫不猶豫地付錢。如果今天的聚會讓他覺得很平淡，他會覺得：跟這群人出來吃飯真是浪費我的時間、金錢。

此外，B型用錢也是毫無計畫性的，知道必須存錢，卻無法不花錢的B型，是名副其實的「知易行難型」，他們的存摺裡常會出現「月初多多、月底空空」的情形，所以有時候他不方便請客，並不只是他想不想的問題，而是他現在手頭確實有點緊。

NO.4 O型～平常就願意多付出一點，為小錢糾結很難看

O型人在金錢上很大方，不管對自己還是對別人。他認為錢賺來就是用來花的，只要大家高興，多付一點錢買開心又何妨。如果他是團體中的領導者，更會本著照顧下屬的心理，時常大方地請客，除了可以展示自己的大器，也是一種隱性收買人心的手段。不過，他無論再怎麼大方，也不會過度浪費金錢或憑一時衝動購買東西，因為他們很有金錢概念，會有計畫的儲蓄，並妥善運用金錢。

如果你有一位O型的朋友，可能會覺得他時而大方、時而小氣，原因就在於O型人比較實際。當他大方的時候，通常是他剛進帳薪水、紅利入袋的時候、或者對你「有所求」的時候，不過也不要因此對O型人敬而遠之，因為，當他將你視為知心朋友時，他可是會對你非常海派的喔！

哪種血型的人是最佳戀人？

NO.1　AB型～感性理性兼具，心思細膩，思慮深遠

　　散發知性魅力、處世優雅的ＡＢ型，是完美無缺的情人。由於見多識廣，不論在任何一個領域都能高談闊論，交流心得，提出深入的見解。不過，另一方面，他卻待情人溫柔似水，不會因為戀愛後，就對情人的反應有任何差異。

　　隨著交往的時間越久，情人只會感受到他更多的深情，因為心思細膩，能夠兼顧情人的現實與情感層面，而且他自己也喜愛空間，所以也會給情人在感情中的尊重與自由，這種極品的情人，無論在各方面都會做得超乎水準，重點是，ＡＢ型人不會輕易為他人打開心中的防備，所以一旦接受一段感情，就已作好長久呵護對方的準備。

NO.2　B型～深入人心的魅力，不知不覺就被吸引了

　　浪漫奔放的Ｂ型人，往往在舉手投足之間，就吸引了旁人的目光，如果身為他的情人，很容易自然而然地迷戀上他。除了天生就具有吸引人的魅力，Ｂ型人更有輕易深入人心的本事。身為Ｂ型的情人，最幸福的地方在於，他會溫柔地聽你講述真實的想法與心情，並能表達感同身受的理解，這可不見得是大家都做得到功夫。

　　此外，他也具備一般情人身上不見得具備的特質——敢勇於追求自己的人生，光是這一點，就讓人足以追隨。雖然和Ｂ型談戀愛最風花雪月、轟轟烈烈，但同時他們也是擁有最多異性友人的一群，所以有時甚至讓情人感到做他的朋友會比做他的情人心裡更踏實。僅管如此，Ｂ型擄獲人心的魅力依舊難以抵擋。

NO.3 O型～粗心大意，把重要的紀念日都忘了

O型的情人雖然對愛情從一而終，但往往不懂得甜言蜜語。雖然性格開朗的O型情人非常幽默，和他相處也非常輕鬆自在，但有時候就少了那麼一點情趣的感覺，因為為了兩人美好的未來，他著眼於現實生活中的時間遠遠地多於兩人的情感層面，因此，久而久之可能就忽略了維持感情生活中最關鍵的感覺。

雖然和踏實的O型在一起非常有安全感，但是兩人之間，如果漸漸地省略了紀念日、再接下來可能連生日他都忘了，這時，相較過往的熱戀，感情雖然因實務經營更長久，但兩個人的心卻可能變成像親人般的關心，卻少了情人的角色。

NO.4 A型～過於謹慎呵護，出現爸爸或媽媽的管教欲

心思細密的A型人，一進入戀愛的模式之後，身分似乎就會自然而然地轉換。過去他可能只關心自己生活上的小細節，但開始交往後，他的管家個性就會深入對方生活的角落。

雖然他覺得這只是出自一般的關心，但他就是想知道你每天發生的事、見過什麼人，如果覺得稍有不妥之處，他就會開始發表高論，建議你應該如何、如何，雖然A型情人在生活層面會將對方照顧得無微不至，也會希望整天和對方膩在一起，但如果總是將自己的手伸進對方的生活中，不僅會失去自己的人生，也會令對方感到緊張壓迫。

✦ 哪種血型的人抗壓性最低？ ✦

NO.1　A型～容易緊張，顧此失彼

　　A型的人原本性格就比較容易感到焦慮，所以在遇到壓力時，就會做事缺少計畫，手忙腳亂，顧此失彼。當壓力使他們覺得局勢已經不是自己可以操控時，反而會放棄擔憂、坦然以對。

　　對A型的人而言，身體若是長期處於重大壓力之下，又沒有得到及時的緩解，就會替他們的身心帶來嚴重的影響。例如，產生精神上或心血管方面的疾病。A型的人面對壓力時自身的腎上腺素上升的速度要比別人高，長時間的刺激將會引發焦慮、易怒、煩躁等情緒。所以，在壓力大時，A型人要試著合理安排自己的休閒時間，會比一直用腦子更管用。

NO.2　AB型～表面上沒壓力，等到爆發才嚴重

　　ＡＢ型人在情緒方面可以說是繼承了Ａ型人和Ｂ型人的雙重特點，讓人捉摸不透。在遇到壓力的時候，他們更不會主動地表露自己的心聲，很能隱忍。不過這一切只是表象，他們的壓力一旦達到了頂峰，發洩時就如同狂風暴雨一般瘋狂，很難讓人接受。

　　看起來很酷的ＡＢ型，看似頗能承受挫折，其實心裡再脆弱不過！一到抵擋不住的時候，他們就會處在一種走火入魔的狀態，逃往他們妄想的世界裡，完全活在自己的國度，不想去理會外界的人和事，他只會專心於當下願意投注的事情上，而無視於原本造成壓力的根源。而且他需要一段很長時間才能回復信心，重新振作。

NO.3 O型～因目標遠大，而忘了近在眼前的壓力

O型的人一般都有比較重的進取心，而且比較經得起壓力，平時會透過跟身邊的人嘮叨嘮叨來釋放壓力。不過當他們的壓力累積到一定的程度時，會讓他們的性格發生極大改變——少言寡語，消沉頹廢，完全變了個人。這時他可能會產生失眠、煩躁等症狀。

不過，O型排解壓力最好的方法，就是透過「吃」，享受美食的瞬間總是能夠替他排解掉那些不愉快的緊張情緒；或是懂得用音樂舒緩情緒，讓自己回歸理性，更進入狀況。透過美食或音樂，可以讓本來快爆炸的O型，調整心情後，又可以用最快的速度回到工作崗位，還帶著笑臉。

NO.4 B型～受周圍環境影響小，就事論事積極面對

B型的人是四種血型中最善變的，平時他們說翻臉就翻臉。不過周圍環境對他們的影響卻很小，他們習慣就事論事，一般很少積壓太多的壓力和負面能量。即使B型人不易受到壓力的困擾，這並不代表壓力不會為他們帶來創傷，而是B型自有一套壓力排解系統，當他覺得壓力很大時，就會去找能快速抒發壓力的出口，用最正面的方式去處理那些無濟於事的情緒。

哪種血型的人掌控欲最強？

NO.1　B型～他的控制欲源於無法自我掌控

　　B 型的人經常憑藉自己的直覺反應，來判斷另一個人的善與惡；對事物的看法，他也完全是以自己的判斷作為依據，當判斷一旦深植內心，就不易改變。例如，B 型人常以行動表示自己對人的同情和理解，他們助人為樂到了近乎愛管閒事的程度，甚至不管別人的意見正確與否，他都覺得「別考慮那麼多，你就接納我的安排就對了！」B 型人時常因為自己的控制欲過強，惹人生氣，卻無法自制。

NO.2　O型～由於太投入、太在乎，所以想掌控

　　O 型的人喜歡以自我為中心，有時會對人或事比較冷漠，只因這些與自己無關，覺得自己是個局外人；有時又因太在乎與己身相關的人事物，而過分的投入，使得自己成為一個控制欲強的人。以 O 型媽媽為例，因為太寵愛自己的孩子，所以為了讓孩子在自己的掌控下健康成長，會很堅持自己的教育理念，而變得很霸道、主觀，反而讓小孩覺得受到母愛的壓迫，而什麼都不敢跟媽媽說，這正是 O 型善於掌控的後遺症，他對重要的人的干涉也會影響到其他重要關係的實質相處。

NO.3　A型～控制自己就夠累了，對他人沒有控制欲

　　A 型的人因為對自己要求很高，舉凡跟自己相關的行為準則、表現，都用超高標的態度來要求自己。並且常常在評估完一切因

素，謹慎地企畫或執行了一件事之後，又對於自己是否有看不見的疏漏之處而戒慎恐懼。

如果他有掌控的精力，也全部都放在自己身上了，自己的品管都有問題了，怎麼可能還有時間去管別人呢？所以Ａ型人雖然會表現出關心他人的態度，但是關於身邊人在實質生活上的諸多細節，他其實一點興趣都沒有，更別談掌控了。

NO.4 AB型～討厭別人干涉自己，也不想管別人

ＡＢ型的人最討厭別人干預他的生活，而他也不喜歡去管別人的閒事，因此，在四個血型中，ＡＢ型是最沒有控制欲的了。以感情為例，因為ＡＢ型擁有強烈的自尊心及纖細的心，因此比別人更害怕受到傷害。即使擁有戀人，也會堅持保有自己的隱私。有時會令對方覺得很冷漠。

他會把他的細膩用在如何營造戀情的新鮮感，才能讓彼此永遠不覺得厭煩。他是天生的戀愛高手，能夠看透對方的心思讓情人對自己更加迷戀、投入，雖然他不想掌控對方，卻自然而然地取得戀愛主控權，讓對方追著他跑。真是人際關係中的高手！

哪種血型的人做事最用心？

NO.1 A型～與自己相關的事，每件都超用心

A型人的優點是待人誠實，不輕口許諾，一旦應諾會全力以赴，決不失信。從這一點來說，A型人是可以信賴的合作者。但另一方面，他們在與人交往中有過分差異對待的傾向，針對自己人與外人交辦的事，他們會分得一清二楚。A型人比一般的人有毅力的多，願意吃苦耐勞，在執行上不容易半途而廢。面對任何事情都很有拼搏前進的精神，不畏懼阻礙、困難。而且A型人很細心，當然做起事情來比較用心啦！

NO.2 O型～為了爭第一，所以只好努力用心

O型的人一旦面對事情時，往往很本能的，把儲蓄於體內的幹勁發揮出來，在做事的時候，O型的人會全力以赴，越是處於艱難的狀況，他越會感覺到富有挑戰性，做起來也就更為有勁。O型人給人的感覺大多是聰明能幹，其實O型人不如B型人聰明，沒有天生的集中力和反應力。但O型人不甘落後，勤勞補拙，所以在努力過後，事情還是很完滿的完成了，其實說穿了他只是不想落於人後、擁有比一般人更強烈的好勝心。

NO.3 B型～天生具有做事的專注力，執行起來事半功倍

B型的人很樂觀，他並不在乎行動的目的與結果，只要自己心態調整好準備要做這件事，就會瞬間進入專注的狀態，把工作很完美地完成。此時的他，不多話而重實行，藉以完成他人所不易完成

的任務。平時Ｂ型人比較活潑好動，而且愛玩，很吊兒郎當，別指望他有多少責任心。但Ｂ型人頭腦聰明、活躍，反應力和專注力都很高，一旦認真起來，很容易集中注意力好好處理事情。

NO.4 AB型～自己覺得很用心，別人卻一點也看不出來

　　ＡＢ在剛開始做某件事情之前，會細心的調查，和作充分的準備，這是他面對事情的ＳＯＰ，他自己已經建立一套思考與處理的反應機制。此外，ＡＢ型做事能幹，反應靈敏，的確比其它血型的人優秀，做事時起步快，執行速度也快。但令人遺憾的是，因為他無法貫徹始終，往往到最後關頭就鬆懈了，到最後看成果的時候，人家會以為他根本就沒把這件事放在心上，其實，只是他不喜歡演得「好像很認真」的樣子，只要自己知道自己曾經堅持過、努力過就夠了，他並不是真的那麼在意別人的看法。

Note

我不相信一個不管我們做什麼都會降臨的命運，
　　我相信一個如果我們什麼都不做會降臨的命運。

　　　　　　～羅納德，雷根 (美國第 40 任總統)

Chapter 5

看破眼前人手腳の
星座排行榜

★ ★ ★ ★ ★

哪種星座最有領導力？
最值得珍惜？最容易致
富…？

還有哪種星座最容易精神
外遇…等準到哭排行！

哪種星座的人最專情？

NO.1 天蠍座～全神投入感情，一旦被背叛再也不專情

天蠍座一旦投入感情就會將全部的心神和身家壓在這段感情上，為了讓感情長遠，一向孤傲的他們不只會照顧對象，甚至還會愛屋及烏地照顧情人的摯親好友……如果情人真的有別的對象，就代表他的真心已轉移他處，不會再留戀！一旦天蠍座曾被背叛一次，除非有人能治癒他的情傷，否則他寧願遊戲人間，寧願他負人，不願再被人辜負。

NO.2 處女座～對感情有潔癖，眼裡容不下一顆沙

處女座因為堅持原則的關係只會喜歡某種限定類型的人，而且非常厭惡各種違反道德倫理的行為，所以一旦有對象，就不會輕易地對其他人動心。而且他心中對感情有一幅理想的藍圖與計畫，他會把心思放在對兩人的規畫上，如果他發現對方眼中有別人的影子，有感情潔癖的處女座，寧願切得乾乾淨淨也不願再多付出一分一毫。

NO.3 摩羯座～把感情當事業經營，只能成功不能失敗

摩羯座只要認定這個對象值得「投資」，他會認真觀察對方看看是否有感情上的「附加價值」，並以十數年的耐性去配合對方或與對方磨合，只要他下決心與對方走一輩子，就不會輕易動搖，會陪對方走到天荒地老，不過一旦被摩羯座發覺這個人的「感情附加價值」大幅遞減，有生意頭腦的他，也不可能讓自己再做血本無歸的生意，寧願把精力投入在看得見實質回報的工作中。

NO.4 金牛座～與其說占有欲強，不如說是習慣

金牛座的感情是屬於小火慢燉型的，對感情的溫度不會很炙熱，但煮久了還是會沸騰的。當他一旦認定一個人的時候，自然而然地會執著於這段關係，並且慢慢習慣每天有這個人陪伴的人生，當習慣成自然，就可以堅持一輩子，不太容易會見異思遷。畢竟要讓感情內隱的金牛座愛上一個人很不容易，要他放棄好不容易「到手」的感情就更是難上加難了。

NO.5 巨蟹座～情人升格變親人，一旦昇華更難割捨

當巨蟹座投入一段感情後，時間一久情人就會自動升格為親人，他會把另一半當成他的弟弟、妹妹來照顧，並享受著轉化為家人的情感關係，讓他心裡覺得很安穩，自然不會想東想西。相對地，只有在他感覺到這段關係不再穩定、或是對方有可能出現其他變數時，他會敏感地先抽離自己，黯然躲回螃蟹的外殼裡，默默尋找另一個能與他好好守護家庭的人。

哪種星座的人最有領導力？

NO.1 白羊座～激勵團隊士氣，引導開拓新機

白羊座的人充滿正義感，以及強而有力的行動力，因此在職場中經常可以成為領導別人的人。此外，他的開朗性格也會帶起團隊的士氣，並受到別人的信賴和尊敬。白羊座的人心中一旦建立了目標，就會抱著排除萬難、勇往直前的心態向前邁進。即使在新的環境下，或是新的產業，也能發揮拓荒者的精神，帶頭領軍，開創新機，頗有領導者的風範。而且他不會因位高權重後失去最初的單純與熱血，並能把並肩作戰的同事當成最好的盟友，因為他待人始終如一且理想不移，才能使人信服，讓人願意跟著他攻城掠地。

NO.2 獅子座～畫出遠景大餅，領導展現大將之風

獅子座之所以擁有領導者的風範，並不是天生如此，而是因為那股自信和不願意認輸的精神促使他努力不懈，才有今天的成果。因為獅子座知人善任，懂得該把什麼樣的人放在什麼位置上，同時也很享受指揮、分配的統馭感。他會替未來畫一個美好的藍圖，明確地告訴屬下：「如果我們達到什麼樣的目標，就可以享受什麼樣的福利。」而且確實履行，舉手投足間皆能展現大將之風，因此他的手腕與管理能力總能夠令人折服。不過，獅子座的領導者喜歡別人服從他的指令，讚賞他的能力，導致身邊也跟著一群馬屁精。

NO.3 天蠍座～為了追求財富地位，而登上領導頂峰

天蠍座的主觀意見強、意志堅定、有毅力，一般人容易厭倦而逃避的事情，他往往能夠堅忍固執地做下去，等到他在該領域發揮

214

到極致，做到該領域之最時，自然能掌握權力、財富、名聲和人所稱羨的地位。而且天蠍座的敏銳度極高，公司任何事物都難逃他的法眼，如果下屬有知情不報的隱瞞之事，馬上就會被拆穿。因為天蠍座屬於只要達到目的、不擇任何手段的人，所以跟著他的人多能從中得利，即使如此，天蠍座與屬下之間的信任感卻非常低，因此屬於比較孤獨的領導者，因為他覺得大家都是因勢利導才跟著他。

NO.4 摩羯座～心底充滿深遠抱負，獨攬大權善用原則

摩羯座的領導者天生就是勤奮的種子，永遠做事踏實的他們注定會成為領導人，因為他們屬於那種心底很有抱負、目標宏偉的職場工作者。身為領導人的摩羯座性格很剛毅，也許會少了些樸實的形象，但是各種原則仍然是其管理的準繩，並走獨攬大權的路線，任何想展開想像翅膀的員工最好還是別出軌。而摩羯座領導的目標很明確、為達成功而不屈不撓的精神，總是能感染下屬，達到鼓舞士氣的作用是屬於以身作則的領導經典類型。

NO.5 水瓶座～沒有主管架式，只重結果不管過程

水瓶座的領導者針對員工的管理方式是不管過程，只重結果，不像其他領導人那樣約束員工，而是將員工放任自流，這些都歸根於他崇尚自由平等的理想。他不會在下屬面前高高在上，平時他只會交給你任務，然後將你放牛吃草，只要到時候能拿出成績就足矣，倘若你沒有達標，這個時候你就要小心自己將面臨慘痛的結局，有時候沒有壓力也許就是最大的壓力，不過這樣的方法有時未必適用於所有的人。

哪種星座的人最喜歡搞小動作？

NO.1 摩羯座～想奪走他的成果？他讓你未戰先出局

摩羯座是一個悶騷的星座，他們默默無聞，平時安靜又勤勞。但不要以為老虎不發飆就可以當他是病貓哦！他們有很強的占有欲，一旦認定了是他的東西，就會據為己有，如果有人來和他搶（或疑似要和他搶），不管是搶地位、搶利益、搶升官、搶情人、搶朋友，他都會視你為假想敵，而他檯面下的操作，會讓你在還沒正式向他宣戰之前，他早就先把你弄出局。

NO.2 天蠍座～只要為了利益，出賣朋友都可以

你覺得天蠍座的人絕對不會出賣朋友，那你包準瞎眼了。讓你想不到的是其實他早就算計你很久了，加上他們天生一針見血的批評能力，賣人還會讓人覺得被賣得很有道理。天蠍座是可以登上賣友求榮的殺手級寶座，大家不能不小心啊！

NO.3 雙子座～雙重性格忽明忽暗，得罪他就發黑函

雙子座是典型的雙重性格代表，平時讓人看不出會是耍陰招的人，有著天使的一面也有著惡魔的一面，而兩種性格都很極端。他可以對你很好，也可以對你很差，所以有雙子的朋友，要小心別挑起他惡魔的那一面。而且，雙子座是一個小心眼的人，你得罪他一次還沒事，要是再得罪他的話，他會想方設法把你的罪行公諸於眾，讓你顏面掃地，在親朋好友面前抬不起頭來。

NO.4 巨蟹座～平常善良溫和，但卻默默努力超越你

巨蟹心裡所想的與外表呈現的自己是不成正比的，其實是個很會偽裝的人。他平時會把自己包裝的親切又善良，讓你產生信任感，把他當朋友看待，實際上巨蟹就如水面上的天鵝一樣，卻不知優雅的外表底下正拼命的用腳划著水，讓你哪天被超越了都不自知。即使他們有非常明確的是非觀念，巨蟹座也從來不會在人前人後說任何人的壞話，不過你一旦踩到他的底線，這種經常不生氣卻突然爆怒的人其實非常的可怕，他們決心要整垮一個人的程度不亞於平時就很壞的人。

NO.5 處女座～一旦被掌握把柄，未來將成談判籌碼

在職場中，處女座的小人是最難應對的，因為明裡暗裡他都會做雙向的夾擊，最好不要被處女座的小人抓住自己的把柄，他很容易在上面大做文章將你一次擊潰。同時處女座也是最有耐心跟人打持久戰的星座。所以和處女座相處時，你一定不能有任何的做人做事的道德瑕疵，否則一被他們顯微鏡般的心思逮住，他不只打從心底不信任你，有一天還會將你一軍。

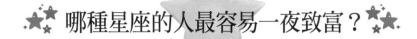

哪種星座的人最容易一夜致富？

NO.1 射手座～天生的幸運兒，加上單純的積極

射手座是當之無愧的第一名，由木星守護的射手座天生運氣就很好。而且射手座性格直率、略帶衝動，好奇心強，對新奇的事物都要嘗試一下，他們就屬於走著走著就被天上掉下的彩券給砸中的那個傢伙。連統一發票的中獎機率都會高於別人，所以一夜暴富的可能是很大的。也許是上天給了射手座這麼好的運氣，所以才導致他們總是粗心大意，最後失去的也很多。

NO.2 天蠍座～想盡辦法贏得一切自己想要的東西

天蠍座以狠出了名，這個狠可不都是貶義的，他們一般都比較敢冒險，願冒風險的機率大，中獎的機率也比較大。再加上成熟的蝎子一般都有不錯的情商和智商，他們會想盡一切辦法贏得自己想要的東西，一旦看準了投資標的就會下手，一夜暴富的機率自然很大。

NO.3 獅子座～工作表現刮目相看，對於投資嗅覺敏銳

獅子座擅長拓展進財的管道，會格外注重工作績效為自己帶來的實際收益。而且他的鑑賞能力很好，這不只可用在平時購物的決策，當他做任何投資時，都會考慮到它的價值所在，比方說買房子，以及首飾珠寶，除了必須是極致的精品外，還要能夠兼具實用度與保值性，如果該區房價大漲或珠寶升值，就能為他帶來一大利多。除此之外，獅子座還有天生的賭運，就算偶然的小賭怡情，也可能為他帶來難以想像的獲利，綜合以上的吸金手法，他身價翻漲

成為富豪的潛力自然不容小覷！

NO.4 金牛座～看起來只會守財，收藏名品身價暴漲

金牛座天生四平八穩，絕對不會搞太冒險的行為。但是他們平時對財富的敏感度，以及金錢的嗅覺真的是一般人不能比擬的。正是由於他們的財運看似普通，單靠平時一點一點在累積。不過金牛座很喜歡收藏一些藝術精品。哪一天等你再遇見金牛時，突然發現他一夜暴富，原來是他收藏的藝術品或珠寶在拍賣市場上突然價格暴增的成果。

NO.5 天秤座～因認識上流社會，而得到致富商機

天秤座與富豪的距離，似乎天生就比較近！最主要的原因在於，天秤們終生追求高尚品味的生活享受，要過這樣的生活，沒有足夠的財力是不行的。而天秤們面對富豪和上流社會絲毫沒有自卑心態，而是以一種未來富豪的姿態與其深交，而讓上流社會對天秤座的接受度極高。經由社交的途徑，天秤們從富豪的世界中所學習到、接觸到的可不是一般人的理財經驗與訊息，自然而然地就成了名列富豪排行的其中之一囉！

哪種星座的人最容易精神外遇？

NO.1 射手座～喜歡新鮮的刺激感，當成心靈調劑

天生就愛刺激冒險的射手座，他們對於任何事物都很容易感到厭煩，或是失去新鮮感。而且他們覺得人生就應該多嘗試多看看，這才不算虛度人生。所以當他們的周遭出現更誘人的美好對象時，他們怎能不被影響呢！尤其當情人在他們面前，自己心裡卻偷偷的想著別人，更能滿足他們愛新鮮刺激的天性，精神外遇對他們來說是心靈上調劑品。不過，要射手座真的搞外遇的機率太低了，畢竟他們很怕麻煩，要收拾殘局對射手座來說是件累人的事。

NO.2 雙魚座～感情一出現裂縫，很容易被他人撫平

愛幻想又多愁善感的雙魚座，就算身邊已有情人，還是會不時的幻想他們心目中的唯美戀愛情節。這是因為雙魚座的天真浪漫個性所致。他們喜歡每天跟情人過著浪漫的生活、甚至整天膩在一起。但是當情人太過強勢，使他們覺得不被尊重，或是當他們覺得被稍稍冷落的話。如果這時候出現拯救他們的王子跟公主，願意安慰他們，聽他們傾吐心中的不愉快。雙魚座可能就不止精神外遇這麼簡單囉！他可能連人帶心都一起離你而去了。

NO.3 雙子座～越聊越沒話題，不如找新對象繼續聊

雙子座喜歡跟情人天南地北的聊個不停。因為他們認為從情人身上得到很多自己所不知道的事物，這會令他們覺得非常有趣。但是，時間一久了，跟情人之間已經沒有以前那麼多話題了或是當情人無法理解他們的想法時，他們會感到心靈非常空虛。這時雙子座

就會開始往外拓展，找尋能讓他們繼續探索的話題對象，彌補他們在情人身上所找不到的新奇感。

NO.4 水瓶座～精神外遇如同家常便飯，搞曖昧不犯規

對於博愛的水瓶座來說，本來可能就喜歡處處留情的他們，精神外遇發生在他們身上更是沒什麼好大驚小怪的。因為水瓶座本身就是個標新立異的星座，精神外遇對他們來說可能就像喝白開水那麼稀鬆平常。尤其他們非常重視心靈的契合，當他們發現原本的情人已經無法再跟自己的心靈相通時，水瓶座會開始尋找另外精神上的支柱。不過，他們並不會真的陷入那段感情，因為水瓶座只是喜歡享受那種若有似無的戀愛感覺而已。

NO.5 天秤座～不甘寂寞，享受被眾人愛慕的眼光

一直都是最受矚目的天秤座，身邊也總是圍繞著許多崇拜者跟愛慕者，因為天秤座的天性就是自戀的，所以他們對於這種被人尊崇的感覺也是非常享受。這也使得他們對於感情界線總是定義的很模糊，常常分不清楚友情與愛情的差別在哪裡。加上他們屬於不甘寂寞、無法忍受孤單的星座。所以當身邊情人稍為忙碌沒空陪他們或是當感情出現裂縫時，天秤座的情人們可是要當心喲！他們的心可是很容易飛到別人身上去的。

哪種星座的人說話最不能相信？

NO.1 天蠍座～沒有人能夠看穿他的心思和真相

神祕詭譎的天蠍座，一眼就能洞悉別人的心思，想騙他一點機會都沒有。可他卻是超級說謊王，只要他不想說真話，你想看穿他的心思比登天還難。因為天蠍座最沒安全感，只要你的問題稍微觸及他的隱私，他就會馬上降下防禦閘門，用各種各樣的謊言搪塞你，而且說的比真話還真，沒有一絲漏洞讓你鑽。最好別窺探他的隱私，更別想傷害他，要不然你永遠也聽不到他的真話唷！

NO.2 雙子座～說的比唱得還好聽，真假分不清

雙子座巧舌如簧，說的比唱的還好聽，常常就靠一張能言善道的嘴迷惑人心。一開始會讓你無法辨別哪句是真，哪句是假，但他說著說著就難以自圓其說，謊言也就不攻自破。雖然謊言很快就會被識破，但他依然樂此不疲，滔滔不絕，繼續說謊到底。不過，那都是一些善意的謊言，沒有惡意，更是無心傷害你，大可隨聲附和，一笑了之。

NO.3 射手座～用話術技巧轉移焦點，掩蓋實情

射手座屬於樂觀派，整天嬉皮笑臉，愛開玩笑，他編起故事來可是有聲有色，讓你在不知不覺中被吸引，還會讓你頻頻點頭，聲聲稱好。那可是他說謊的慣用伎倆，為了烘托氣氛，製造笑料，以繪聲繪色的描述讓你甘願「上當受騙」。

NO.4 水瓶座～故意不把話說清，讓你猜不透

水瓶座善變、搞怪、愛突發奇想，也是大話高手。他說話常常是說一半藏一半，令人摸不清頭緒。看著你著急上火、急不可耐的樣子，會讓他很有滿足感，有故意挑戰你智商與耐性的嫌疑。其實，他無意行騙，只是想賣賣關子，用說謊來引起你的好奇心，跟你玩玩捉迷藏，秀一秀自己的聰明才智。

NO.5 天秤座～說謊只是一種交際手腕，無可厚非

天秤座有一股迷人的魅力，一言一行引人注目，一副和藹可親的樣子，怎麼會榜上有名？這是因為他喜歡高談闊論，為了炒熱氣氛，常常在有意無意中大放闕詞。為了活躍氣氛，帶動周圍人的情緒，更快更好地與眾人搞好關係，稍稍誇大其辭對他來說已是家常便飯。他雖然愛說小謊，卻無傷大雅，無可厚非。

⭐ 哪種星座的人最值得珍惜一輩子？⭐

NO.1 🦀巨蟹座～希望自己有能力為對方撐起一片天

對於巨蟹座的人來說，其實另一半若是有難的時候，反而是他們可以發揮所長幫助所愛的人之時，因為很多巨蟹座認為日子過太好的時候，反而覺得自己沒有什麼用，就好像是一個別人的附屬品，但是在有難的時候，你才會發現原來巨蟹座的另一半願與你共甘苦的能力那麼強。

NO.2 🐑白羊座～無條件地信任與包容，還常常準備驚喜

白羊座從不掩飾他們的愛意，還會常常突發奇想地想要表達出來，並盡其所能地把所有設想變為現實，常常帶給你驚喜！白羊座還是大度星座情人之一，白羊女一旦墜入愛河，就會無條件地選擇相信情人，即使在情人犯下大錯之後，只要老實坦白就可能讓白羊女心軟選擇原諒；白羊男則是平常就把情人寵上天，必要時就是情人最好的依靠。

NO.3 👩處女座～從一而終的死心眼，盡心奉獻到最後

處女座一如他性格上的特質，是有「潔癖」傾向的。在處女座的觀念中，真心戀愛就是一種磁場與緣分，他們不去計較對方的身分、條件、背景，只希望對方跟自己一樣對愛「義無反顧」。就算得不到眾人祝福，也要用自己的步調去愛。處女座的人非常的死心眼，而且他不服輸、不服氣，一旦兩人感情有了困難，他不相信他衝不破這個困難，他通常會做的都是面對並想辦法解決。

NO.4 天秤座～願意用所有東西交換一生的愛情

天秤座的人願意用自己所有最珍貴的東西來交換愛情，只求在戀愛的過程中平順自在。在天秤座的潛意識中，「感情」就是他們生命的基礎，如果沒有了感情與真愛，那麼天秤座每天汲汲營營的生活努力，也就沒有了目標和方向。如果可以，天秤座願意為歷屆情人背十字架，只求換得「一生一世的真愛」。

NO.5 水瓶座～不拘泥於傳統的戀愛，給對方自由

他們的聰明與先知在談戀愛上也發揮得很出色，「算計」細節精確到你何時會需要喝可樂、何時會需要喝果汁……除開這些體貼至微的小感動，你還能感受到水瓶座最難能可貴的開明精神：水瓶男不會刻意要求情人必須是會三從四德的賢妻良母；水瓶女不會特別苛求情人是頂天立地的無淚男子漢！總而言之，水瓶情人很尊重情人，不拘泥於傳統的戀愛婚姻模式，所以他們不會對你有太多要求，僅僅只是愛著你這個人而已，多令人感動！

哪種星座最難在戀愛中真心以對？

NO.1 天秤座～越是靠近，越是想逃離

假如戀愛史還是空缺的天秤座可能還會比較天真，可是假如有了愛情經驗以後，天秤座的人都會相當的保護自我。天秤男是希望和對方保持一定距離，他不喜歡被控制和被牽絆的感覺，對方越想要深入了解他，他越是會閃躲；而天秤女則是那種假如感情失敗了就對感情失望悲觀，她會堅持不想再因太信任被傷害而拒絕對方的靠近。

NO.2 處女座～感情上有所堅持，平常存有戒心

處女座的個性很強硬，是個原則性很強的人，對於愛情他們有一套自己的原則，比如說不喜歡自己很容易就被男生追到，或者不喜歡兩人關係發展的太快，他們會擺出高傲的姿態，或者是要雙方可以靈魂相契才能再進一步等等。他們忽然設置的一道道障礙，會讓對方覺得他們談戀愛時似乎是很有戒心的。

NO.3 摩羯座～保持距離，不想將個人隱私攤在陽光下

摩羯座的人其實也不是故意有什麼防禦心，只是他們習慣就是跟每個人永遠都保持一種淡淡的距離。他們態度溫順，為人熱心，但這種態度只限於表面的社交，他們的私生活則是另外一回事。他們不喜歡自己的私生活在別人眼前暴露無遺，在他們完全確定對方是不是自己的真命天子或者真命天女之前，他們和異性會保持相當的距離。

NO.4 射手座～防衛心重，不喜歡別人打聽他的事

射手座看起來很陽光、很開朗，然而其實他們的防禦心很重，尤其是射手男。他不介意告訴你他的事，然而他會介意你主動去打聽他的私事，他們認為這是一件非常不禮貌的行為。有些射手男其實很容易緊張，有時候經常懷疑所有親近他的人的用意，因此完全無法真正的信任一個人。

NO.5 雙子座～心中有城牆，很難知道他真正想法

看起來喜歡和人打交道的雙子座，其實他們有他們自己對於「安全距離」的看法，除非你們的關係到了一定的深度，否則他們是絕不會輕易讓人看透的。而且他們最擅長的就是聲東擊西的障眼法，會搞一堆真真假假的事情讓你分不清狀況。平時看起來似乎很平易近人，其實他防衛心卻是很強的。

⭐ 哪種星座的人最不了解自己？⭐

NO.1 天蠍座～敏銳與第六感僅止於對外人的觀察

　　和他們在一起，總有種被看透的錯覺，就好像一切都在他們的掌握之內，事實上，天蠍的敏銳度只限於對外界的事物。換句話說，就是典型的旁觀者清，當局者迷。一旦天蠍座陷入愛情的沼澤，就很容易迷失方向，一不小心就偏離了原來的軌道。熟知天蠍的人甚至能夠一語道破，而他們自己卻根本看不清，也可以說是醒不過來，於是繼續和自己無謂的鬥爭，掙扎在愛與恨的邊緣。天蠍總在恍恍惚惚中堅持著沒必要的痛苦，而輕易放手眼前的幸福。

NO.2 獅子座～自動忽視性格的軟弱，其實不堪一擊

　　獅子座喜歡把未來看得特別美好，而忽略了那些陽光照耀不到的地方。面對別人的不滿傾訴，獅子座總是驕傲的抬起頭，認為這有什麼，只要他努力爭取就一定會獲得掌聲，只要用心體會，就一定能感受到快樂，抱著這樣的信念，獅子展現給別人的，都是最陽光、最燦爛的一面，而他們自己也總以為能夠掌控一切。實際上，只要曾經以為的強大自信心被徹底瓦解，才恍然發現自己原來是如此的不堪一擊，根本沒有想像般堅強。

NO.3 天秤座～對事客觀，對自己則迷迷糊糊

　　天秤座自認為看待事物比較客觀，而實際上，他們根本就沒有看清自己。一旦進入感情世界，就變得柔情似水，加上敏感又愛猜疑的心，怎麼可能做到真正的客觀，不過是為了避免傷害的藉口。他總是全心全意的為自己在乎的人著想，也以為自己是不求回報的

真誠者，一旦被背叛後，就會顯得憤世嫉俗，他們還是那個善良體貼的星座，只不過沒有他們自己認為那般不計代價。所以，不要輕易孤注一擲，不然傷心的只有你自己。

NO.4 雙魚座～迴避現實，不願面對真相的殘酷

一生都在迴避現實，是雙魚座一直沒有辦法真正讀懂自己的原因所在。凡事一開始就為自己編織好一個美好的夢，一旦被現實搖醒，就會不知所措，甚至有點分不清自己究竟是在現實中，還是夢境裡。因為在潛意識裡更願意相信自己還沒有醒來，於是下一次又會犯同一個錯誤。雙魚的世界就只好在他們一次又一次妥協中讓步。雙魚座真的不懂自己的善良究竟是對、還是錯，又或者是一種命中註定。

NO.5 雙子座～忽略了解自己，等到情緒破錶才看清

雙子座也常會陷入不懂自己的境地，也許是刻意忽略了了解自己的這個過程。雙子習慣隨心而動，偏偏對於感情又會有些慢半拍，喜歡的時候不說，假裝無所謂，和情人分開了以後又心裡空空的，完全找不到方法讓內心深處的寂寞安靜一點。就像白天不懂夜的黑，雙子也不知道為什麼自己的心情會一時如陽光般燦爛，一時又刮起了狂風驟雨，也許是早已愛得太深而自己卻不知道，也許只有等到崩潰大哭的宣洩過後，才能真正認識自己的心。

哪種星座的人最容易為錢操勞？

NO.1 摩羯座～有錢等於成功，想成為家中經濟支柱

摩羯座的人從小就很懂事貼心，他覺得一直吃家裡、用家裡的會不好意思，好像覺得要多負擔些，心裡才過意的去。長大了，危機意識也很強，再有錢都不夠，一生都是在繁忙之中。沒有一個摩羯能逃出金錢籠罩的命運，他們的生命裡從來就不具備甘於簡樸的生活概念，他們渴望成功，有錢才能擁有一切的思想充斥著他們的腦袋，激發著他們為了獲取金錢而努力奮發。因為在摩羯座的人生字典裡，有錢和成功是同義詞。

NO.2 處女座～決不容因經濟困境失去原本擁有的東西

處女座最基層的願望就是一定要讓生活有保障，而且他們都是胼手胝足的努力，例如：他好不容易買了一個房子，那接下來的人生就是要為這個房子打拼，因為他絕不會賣掉這個房子，他已經擁有的東西絕不想失去，所以他會為了怕失去而努力，通常就會累積得越來越多。處女座是十二星座裡最多慮的一個。永遠擔心世界末日就要來臨、存款簿裡錢不夠用。所以很多處女座會不擇手段、不要命地賺錢。

NO.3 獅子座～對自己太有自信，晚年時錯估情勢

獅子座永遠都以為他會像年輕時候那麼厲害、身體狀況那麼好，過於樂觀的自我評估，常讓獅子座最後錯估情勢。年輕時，獅子座也許可以兼兩分差事，賺的錢當然也就比一般人多，但他卻以為在他老的時候，也可以這麼輕鬆就讓財富入袋，這是獅子座的人

生盲點，建議獅子們要替自己的老年多存點錢，可不要認為現在的健康是理所當然的喔！

NO.4 金牛座～物質匱乏憂慮而存錢，賺多少就存多少

其實他們的物欲不是很高，也沒有說一定要賺到多少錢，但是就是收入一直都剛剛好，他也比較務實，而且時局不好的時候，他就會有危機意識。因為他們也沒有賺大錢，所以平時就會關心進帳和支出的情形，所以即使是沒有求財的野心，但是這一生也不會停下工作的腳步，除非學會理財投資，但是他理財又是屬於保守型的，所以這一生還是一直在盤算錢從哪裡來。

NO.5 射手座～花錢太隨心所欲，要用錢時就格外費心

射手座們不拘小節的花錢方式，往往給人輕浮和沒規畫的感覺，他們做很多事情只是憑感覺，喜歡有錢就花、沒錢再賺的生活方式，金錢只要能轉化為當前的快樂，在射手們看來就是值得的。換句話說，射手之所以工作賺錢是需要一定藉口和理由的，衣食不缺的情況下，他們不會過於努力地去獲取金錢，只有當他們需要一筆費用來完成接下來的旅行時，他們才會開始找工作做。

國家圖書館出版品預行編目資料

準到嚇人!血型X星座全方位透視人性讀心術 /
Mallika 著. -- 初版. -- 新北市 : 啟思出版,采舍
國際有限公司發行 2016
面； 公分

ISBN 978-986-271-477-5(平裝)
1.占星術 2.血型
292.22　　　　　　　　　103002652

準到嚇人!血型╳星座全方位透視人性讀心術

本書採減碳印製流程
並使用優質中性紙
（Acid & Alkali Free）
通過綠色印刷認證，
最符環保要求。

出 版 者 ▛ 啟思出版
作 　 者 ▛ Mallika
品質總監 ▛ 王寶玲
總 編 輯 ▛ 歐綾纖
文字編輯 ▛ 孫琬鈞
美術設計 ▛ 蔡億盈

郵撥帳號 ▛ 50017206 采舍國際有限公司（郵撥購買，請另付一成郵資）
台灣出版中心 ▛ 新北市中和區中山路2段366巷10號10樓
電 　 話 ▛（02）2248-7896　　　　　傳 　 真 ▛（02）2248-7758
Ｉ Ｓ Ｂ Ｎ ▛ 978-986-271-477-5
出版日期 ▛ 2018年最新版

全球華文市場總代理 ▛ 采舍國際
地 　 址 ▛ 新北市中和區中山路2段366巷10號3樓
電 　 話 ▛（02）8245-8786　　　　　傳 　 真 ▛（02）8245-8718

全系列書系特約展示
新絲路網路書店
地 　 址 ▛ 新北市中和區中山路2段366巷10號10樓
電 　 話 ▛（02）8245-9896
網 　 址 ▛ www.silkbook.com

線上 pbook&ebook 總代理 ▛ 全球華文聯合出版平台
地 　 　 址 ▛ 新北市中和區中山路2段366巷10號10樓
主題討論區 ▛ www.silkbook.com/bookclub　　● 新絲路讀書會
紙本書平台 ▛ www.book4u.com.tw　　● 華文網網路書店
電子書下載 ▛ www.book4u.com.tw　　● 電子書中心（Acrobat Reader）

本書係透過華文聯合出版平台自資出版印行。